最新版

株デイトレードで毎日を給料日にする！

二階堂重人
SHIGETO NIKAIDOU

Subarusya

はじめに

株のデイトレードで毎日のようにお金を稼ぐことができたらいいいな。

このように思っている方は、たくさんいることでしょう。

私もかつて、このように思いました。それこそ、**株のトレードで毎日、お金を稼ぐことが夢でした。**

そして今、その夢が現実になっています。

私のサイトを読んでいる方なら知っていると思いますが、ほぼ毎日（毎取引日）、株のデイトレードで稼いでいます。私にとって株の取引がある日は、給料日のようなものです。

1ヵ月のうちに損をするのは、1～3日。それもわずかな損失です。大きな損失を出す

ことは、年に1～3日しかありません。大きな損失といっても、1、2日で取り戻すことができる程度の金額です。

これは自慢をしているわけではなく、「あなた自身もデイトレードで稼ぐスキルを身につければ、このくらいのレベルにまで達することができます」ということをいいたいのです。

ほぼ毎日を給料日のようにすることができます。本当です。

私自身、特別な能力を持っているわけではないので、誰でもデイトレードで稼げるようになれるはずです。

約14年前に『デイトレードで毎日を給料日にする！』という本を書きました。

当時はデイトレードが流行っていたこともあり、おかげさまで、けっこう売れたようです。

その本を最新版にして出そうというのが、本書です。

といっても、部分的に改定したのではなく、完全書き下ろしです。

14年前に出した本を一切見ないで、書きました。

それは、自宅から10分程度のところにあるトランクルームに本を取りに行くのが面倒だから、ということも少しあったのですが、「14年前のトレードスキル」と「現在のトレードスキル」が大幅に違うので、一から書き直す必要があったのです。

今の自分の力で書きたい。

14年前に比べると経験値は上がり、デイトレードのスキルにおいては、絶対的な自信を持っています。その自分で書きたかったのです。

本書は正味、２００ページというかぎられたスペースですが、「デイトレードをしていく上で必要な知識」を盛り込みました。私が今持っている知識、今持っているスキルで、しっかり書きました。

本書を読めば、以下のことがわかります。

どのような銘柄をトレードすればよいのか。

どのタイミングで、なにをすればよいのか。
取引時間中はなにを見ればよいのか。
どのようにすれば、勝率を上げることができるのか。
どのようにすれば、リスクを抑えることができるのか。

第6章では、1日の流れを時系列で解説しています。
朝起きてからやるべき作業について、わかりやすくまとめました。
これは、デイトレードをするうえで、欠かせない知識です。
もちろん、いつもの私の本のように「手法」も書いています。

本書をきっかけに、あなたがデイトレードで稼げるようになったら幸いです。

第3章 チャートの見方を覚えよう！

第4章 デイトレードで狙う銘柄の条件

第5章 信用取引を利用しよう！

第6章 デイトレードにおける1日の流れ

第7章 ボリンジャーバンドを使った買い手法

第8章 ボリンジャーバンドを使ったカラ売り手法

第9章 デイトレードのリスクとリターンを理解しよう！

第10章 相場全体の大きな流れを見極めてトレードしよう！

◎本書は、著者の売買体験に基づいた投資テクニックを解説したものです。個人の投資結果を保証するものではありません。

第1章

デイトレードとはどのようなトレードなのか？

01

01

デイトレードとは1日のうちで決済をするトレードのこと

本書では、株のデイトレードについて説明していきます。

まずは、デイトレードの特徴である、「トレードのスパン」から説明していきましょう。

株式のトレードは、買ってから売るまでのスパンによって、種類が分かれています。

はっきりした基準はないのですが、大まかに分けると以下のようになります。

デイトレード……………当日に決済するトレード
スイングトレード………2〜14日で決済するトレード
短期トレード……………3ヵ月以内に決済するトレード
中長期トレード…………3ヵ月以上で決済するトレード

デイトレード以外ははっきりとした基準がないため、人によって、スパンが違ってきます。たとえば、半年間のトレードを、短期という人もいれば、長期という人もいます。デイトレードとは、1日のうちで決済をするトレードのことです。これがデイトレードの定義であり、最大の特徴です。

買った株……当日に売ります
売り建てた株（カラ売りのこと。88ページ参照）……当日に買い戻します

株式市場の取引時間は原則として9時から15時までなので、デイトレードで株を持つ時間は最大でも6時間ということになります。

私の場合、「買い注文が約定したと同時に売り注文を出し、すぐに決済」といったトレードもよくあります。株を買ってから売るまでの間は5秒程度。このような短い時間で利益を出すこともできるのです。

このスパンの短さがデイトレードの魅力です。

01

02

デイトレードは小さな利益を積み上げていく

デイトレードは1日で決済するトレードなので、得られる値幅はかぎられています。

わずかな値幅で利益が出るのか。

そう思った方も多いことでしょう。

わずかな値幅でも、利益を出すことができます。株価やネット証券の売買手数料にもよりますが、買値から1円上がっただけでも利益が出ます。

もちろん、毎回、1円の利幅というわけではありません。

次ページのように、41円の利幅を取れることもあります（このトレードについては142ページで説明します）。

これはうまくいった例ですが、基本的には1日に何回もトレードを繰り返し、小さな利益を積み上げていくトレードだと理解しておいてください。

デイトレードで得られる利幅は？

SDSホールディングス（東証スタンダード1711）5分足チャート

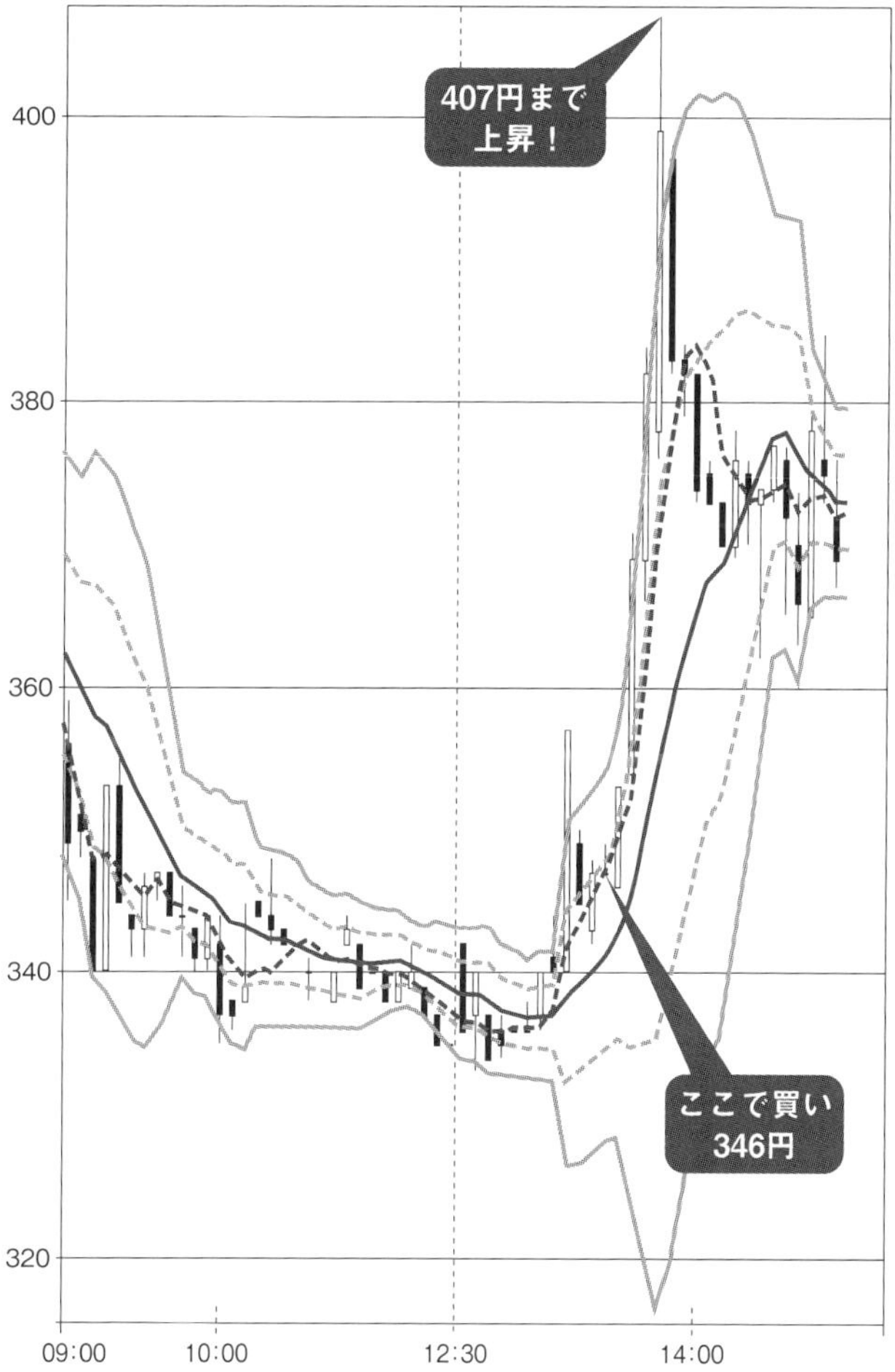

01

03

デイトレードのメリットは「資金効率の良さ」

次は、デイトレードのメリットについて説明します。

デイトレードのメリットはなんといっても、「資金効率の良さ」です。

株価が動いて「利益が出そうな局面」だけ、資金を使うことができます。

たとえば、スイングトレードのような短期売買や、中長期の投資で株を持ったとします。

株価は常に上昇しているわけではありません。下落する局面や、ほぼ横ばいのような局面もあるわけです。

こういった局面で株を持っていても、その間は資金が増えることはありません。下落局面であれば、減ってしまいます。

しかし、デイトレードの場合、株価が上昇局面のときだけに株を持ち、下落局面になる前に売ってしまう、といったことができます。

「利益が出る局面」だけに資金を使い、それ以外の局面では資金を使わないといったトレードができるので、資金効率が良いわけです。

また、デイトレードは、資金の回転が速くなります。

短期売買や中長期の投資は、うまくいくと大きな利益を得ることができますが、決済までのスパンが長いので、資金の回転がどうしても遅くなってしまいます。

デイトレードは、1回のトレードで得られる利益はわずかですが、決済までのスパンが極端に短いので、資金の回転が速くなります。

利益を出せるスキルがあれば、資金をどんどん回転させることによって、短期間に大きな利益を得ることができます。複利で増やしていけば、かなりの速さで資金が増えていきます。

実際、デイトレーダーの中には、数十万円や数百万円の資金を短期間のうちに数千万円や1億円以上にした人がいます。

読者の皆さんも、デイトレードをする際は資金効率の良さを意識するようにしましょう。

01

04

デイトレードはどのような相場でも稼げる

デイトレードには、「どのような相場でも稼げる」というメリットもあります。

短期売買や中長期の投資では、稼げる相場がかぎられてしまいます。

たとえば、下落傾向の相場では、株を持ち続けていると、含み益が減ってしまったり、含み損が増えてしまいます。

もちろん、下落傾向の相場でもすべての銘柄が値下がりし続けるわけではありませんから、稼ぐことは不可能というわけではありません。

しかし、下落傾向の相場で上昇する銘柄の数はそれほど多くないので、確率から考えると、稼ぐのが難しいということになります。

また、株を持っている期間中に「全面安」といわれるような暴落が起きてしまえば、含み益がなくなったり、買値によっては大きな損失が出てしまうこともあります。

こういったことから、短期売買や中長期の投資は、相場環境に大きく左右されるといえます。1年を通じてみると、稼げるのはごくかぎられた期間といってもよいでしょう。

デイトレードで毎日を給料日にする！

デイトレードの場合は、ほぼ1年を通じて、稼ぐことができます。

たとえ下落傾向の相場でも、１日といったスパンで見れば、値上がりする銘柄はあります。こういった銘柄をトレードすれば、よいわけです。

また、全面安のような暴落している日でも、「リバウンド狙い」といわれる、下落局面のわずかな反発（戻り）を狙ったトレードスタイルで利益を出すことができます。

このように、デイトレードはどのような相場でも利益を出すことが可能なわけです。そのため、スキルがあれば、ほぼ毎日、確実に収入を得ることができます。

これが、デイトレードのメリットであり、魅力でもあります。

01

05 リスクをコントロールしやすい

デイトレードには、もう1つ大きなメリットがあります。

それは、「リスクをコントロールしやすい」ということです。

一般的な株式投資や日を跨ぐ短期売買の場合、株を買ってからしばらく持ちつづけます。その保有期間、株式相場が順調に上昇していくとはかぎりません。大きく下落する可能性もあるわけです。

たとえば、米国株式市場が大きく下落した場合、翌日の国内株式相場も大きく下落して始まる可能性が高くなります。

その際、持ち株の株価は、値段がつかないまま下落していく可能性があります。売りたくても売れないわけです。

そして、前日比大幅安で取引が開始されます。

取引が開始された時点で含み益は大きく減ることになります。また、株を買った値段によっては、取引が開始された時点で含み損が出てしまうでしょう。

デイトレードは持ち越しのリスクがない

株を持ち越す場合、このような「持ち越しによるリスク」が常にあります。

そして、このリスクはコントロールできない部分が大きいわけです。

しかし、デイトレードは基本的に翌日以降に持ち越さないので、こういった持ち越しによるリスクがありません。

また、リスクの大部分はコントロールできます。

「デイトレード＝リスクが大きいトレード」と思っている人が多いようなのですが、実はリスクをコントロールしやすい安全なトレードなのです。

01

06

スキルがなければ短期間に大きく損をする

デイトレードは、「株を保有するスパンが極端に短いトレード」です。

そのため、スキルがあれば、資金をどんどん回転させていくことで、短期間に大きく稼ぐことができます。

しかし、逆に考えると、スキルがなければ、短期間に大きく損をすることになります。

実際に、短期間のうちに資金がなくなって退場（資金不足によりトレードをやめること）する人がけっこういるようです。

こうならないためにも、スキルをしっかりと身につけることが大切です。

本書でしっかり学んでください。

第2章

デイトレードの準備をしよう!

02

01

デイトレードの資金は最低限いくら必要なのか？

この章では、デイトレードの準備について説明します。

まずは資金について説明しましょう。

デイトレードの資金は最低限いくら必要なのでしょうか。

資金は多ければ多いほどいいです。資金が多ければ、買える銘柄が多くなります。また、資金が多ければ買える株数も多くなるので、1回のトレードで得られる利益が多くなります。


では、具体的にいくら必要なのでしょうか。

デイトレードを始めるには、最低でも30万円以上の資金が必要だと思います。

この「30万円」というのには理由があります。

後ほど説明する「信用取引」に必要な「最低委託保証金」の金額が、ほとんどの証券会社で30万円になっているからです。信用取引をするのに、最低30万円が必要だということです。

そのため、30万円は資金として用意したほうがいいでしょう。

30万円の資金で信用取引をうまく利用すれば、1日で数千円の利益を得ることが可能になります。

1日1万以上の利益が目標であれば、資金は100万円以上あったほうがいいでしょう。100万円あれば、信用取引の信用枠を使いまわすことで、1日1万円以上の利益を出すことができると思います。

もちろん、多くの資金を用意できない方は、あるだけでやりましょう。

初めは少ない資金でもかまいません。

そして、利益を出して、少しずつ増やしていきましょう。

02

売買手数料が少しでも安い証券会社を選ぶ

デイトレードを始めるうえで大切なことはいくつかあるのですが、その1つが「証券会社選び」です。

取引をするネット証券を選ぶことです。

「ネット証券なんてどこでもいいのでは」

もし、このように思っていたら、それはとんでもない間違いです。

証券会社選びは、極めて重要です。

なぜ重要なのでしょうか。

それは収益に大きく関わってくるからです。

デイトレードは、1日に何回もトレードを繰り返します。

そのため、売買手数料がかなりかかります。

そこで、売買手数料が少しでも安い証券会社を選ぶ必要があります。

1日の売買手数料が5000円違ったら、1ヵ月の取引日を20日間としても、10万円も違ってきます。

1年間にしたら、120万円も違うわけです。

これは大きいです。大き過ぎます。

こういったことから、ネット証券選びでは妥協をしないようにしてください。

私自身も、取引をするネット証券にはこだわります。

年に何回かはネット証券の公式サイトを見て回り、取引手数料が安いところを探します。

ネット証券の取引手数料体系は時々変更されるので、数ヵ月に1回はチェックしておくべきです。

02

03

ネット証券の売買手数料体系

ネット証券の売買手数料体系は、大きく2つに分けられます。

- **1日の約定代金の合計によって手数料がかかる**
- **売買ごとに手数料がかかる**

売買ごとに手数料がかかるシステムでは、「買いでいくら」「売りでいくら」というように手数料がかかります。

たとえば、

- **30万円分の株を買ったときに540円**
- **その株を売ったときに540円**

・買いと売りの合計で１０８０円

というように、取引手数料がかかるわけです。

１日の約定代金の合計によって手数料がかかるシステムでは、たとえば、

・１日の約定代金の合計が３００万円の場合、その日の売買手数料は３２４０円

というように、売買手数料がかかるわけです。

「約定代金の合計額いくらにつき、売買手数料いくら」というのは、証券会社によって異なります。

どちらが得かは、人それぞれです。

１日の取引回数が少ない人は、売買ごとに手数料がかかるシステムのほうが得だと思います。

１日の取引回数が多い人は、１日の約定代金の合計によって決まるシステムのほうが得だと思います。

これについては、自分の売買をシミュレーションして、売買代金を計算してみましょう。

そして、それぞれのネット証券の手数料体系と照らし合わせて、どこの証券会社がもっとも得なのか探してみてください。

おすすめのネット証券

この原稿を書いている時点でおすすめのネット証券は、「松井証券」と「楽天証券」です。どちらも、信用取引（※84ページ参照）の売買手数料は無料で、信用取引の金利だけがかかります。

松井証券の「一日信用取引」……返済期限が当日のデイトレード専用の信用取引です。新規・返済の手数料は無料です

楽天証券の「いちにち信用」……当日中に返済をするデイトレードに特化した一般信用取引です。新規・返済の手数料は無料です

この手数料体系を知ったときは、正直、驚きました。

「本当なのか？ 取引手数料が無料なら、その分が利益に上乗せされるのと同じ。さらに利益が増える」

と思いました。

これによってトレードが大きく変わります。

その1つが、同値撤退（建値撤退）です。買った値段で逃げても、損失がわずかになります。

たとえば、株価500円である銘柄を買ったとします。

なかなか動かない場合、売ってしまいたいところです。買値の500円で逃げるわけです。しかし、以前はそうすると手数料分が損失になってしまいました。

そこで、なんとか損失が出ないように501円で売ろうと粘ります。

そのうちに、株価が下落してしまい、結局、株価変動による損失と売買手数料の損失という2つの損失が出てしまいます。

ところが、売買手数料が無料の場合は、取引手数料による損失を気にしなくてもよいので、同値撤退で逃げやすくなるのです。

株価500円で買って値が動かなければ、いつでも500円で逃げられるわけです。

この場合、損失は金利分のわずかな金額です。

デイトレードの経験がある方は、「同値撤退が売買手数料の損失を気にしなくてできる」ことが、いかにトレードに影響を与えるか、わかると思います。

このようなことから、信用取引を利用している方には、松井証券と楽天証券をおすすめします。

念のため、利用する場合はそれぞれの公式サイトで、現時点の売買手数料体系を確認してください。

第3章

チャートの見方を覚えよう！

03

01 チャートとはなにか？

デイトレードでポジションを持つタイミングを見極めるためには、株価チャート（以下、チャートと略します）を使います。チャートとは、値動きを表したグラフのことです。

チャートにはいくつかの種類があるのですが、一般的には「ローソク足チャート」を使います。

ローソク足チャートとは、ローソクの形に似た陰陽線で4本値を表したチャートです。

4本値

始値……一定期間で最初についた価格

高値……一定期間でもっとも高い価格

安値……一定期間でもっとも安い価格

ローソク足の見方

ローソク足チャートとは？

ローソクの形に似た陰陽線で4本値を表したチャートです。

4本値

始値……一定期間で最初についた価格
高値……一定期間でもっとも高い価格
安値……一定期間でもっとも安い価格
終値……一定期間で最後についた価格

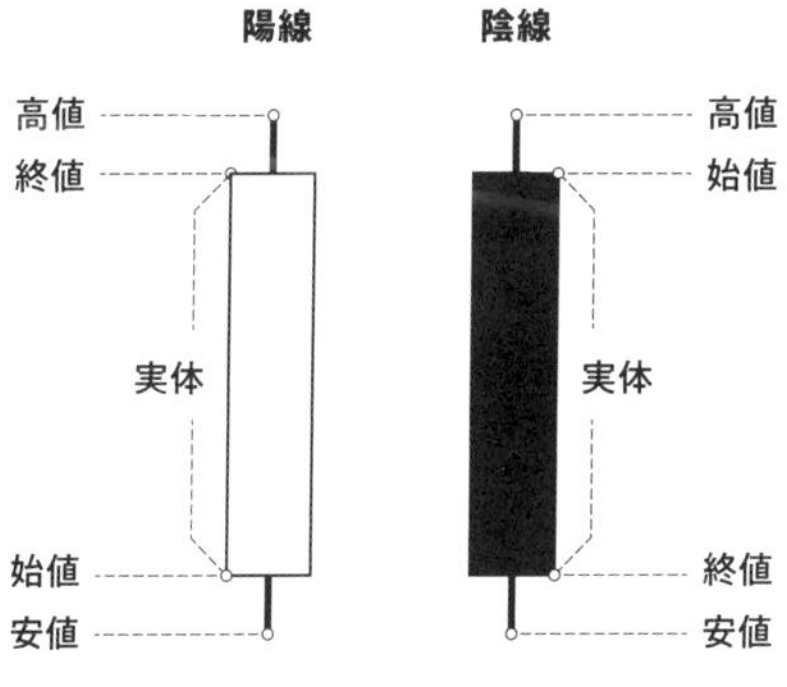

陰線……始値に対して終値が低かったことを表す線
陽線……始値に対して終値が高かったことを表す線

終値……一定期間で最後についた価格

たった1本のローソク足でこの4つの値段をすべて表しているわけです。

ローソク足は「陰陽線」と呼ばれているように、「陰線」と「陽線」があります。

陰線……始値に対して終値が低かったことを表す線
陽線……始値に対して終値が高かったことを表す線

ローソク足を見れば、その期間内で株価が上がったか、下がったかが一目でわかるわけです。一般的に、陽線は白（白抜き）、陰線は黒で描きます。

しかし、ネット上のチャートでは、様々な色が使われています。

ローソク足チャートは、ネット証券のツールで見ることができます。どの証券会社でも、無料のツールがあるはずです。それを使ってください。

03 02 デイトレードでは5分足チャートを使う

チャートには時間軸によって様々なものがあります。

よく使われるのが、「5分足」「日足」「週足」の3つです。

5分足チャート……1本のローソク足で5分間の4本値を表したチャート
日足チャート………1本のローソク足で1日の4本値を表したチャート
週足チャート………1本のローソク足で1週間の4本値を表したチャート

この他、「1分足（分足）」「3分足」「15分足」「月足」などのチャートもあります。

デイトレードでよく使われるのは、5分足チャートです。

本書でも、5分足チャートを中心に使います。

03

12本移動平均線を使う

チャートには、「株価移動平均線（以下、移動平均線と略します）」を表示させます。

移動平均線とは、一定期間の終値の平均値をつないだ線のことです。テクニカル指標の中ではかなり有名なもので、多くのトレーダーや投資家が使っています。

移動平均線には、様々なスパンのものがあります。5分足でよく使われているのは、「12本移動平均線」です。

12本移動平均線……ローソク足12本分の終値の平均値をつないだ線

本書ではこの移動平均線を使います。

12本移動平均線とは？

ベクター（東証スタンダード2656）5分足チャート

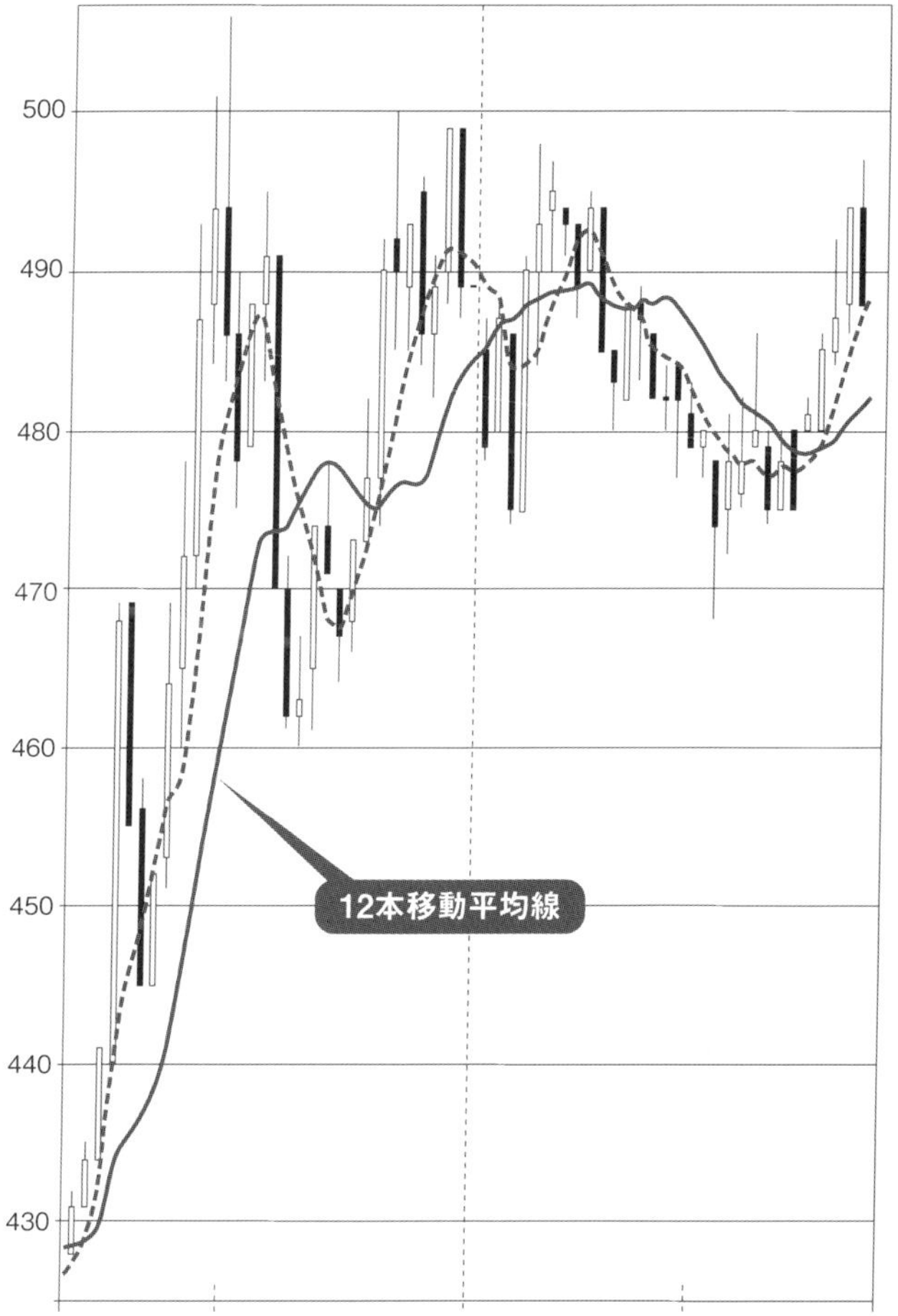

03

04 板の見方

次は、「板」について説明します。

板とは、注文状況が表示されているツールのこと。板の見方は以下のとおりです。

中央……気配値
左側……売り注文の状況（指値）
右側……買い注文の状況（指値）

たとえば、次ページの板では、「501円で7000株の売り注文」「500円で3万4000株の買い注文」が出ています。

このように板を見れば、現在の注文状況がわかります。必ず見方を覚えておきましょう。

板の見方を覚える

板とは？

注文状況が表示されているボードのこと

売数量	気配値	買数量
55000	510	
48000	509	
22000	508	
17000	507	
17000	506	
41000	505	
53000	504	
35000	503	
23000	502	
7000	501	
	500	34000
	499	25000
	498	51000
	497	79000
	496	56000
	495	88000
	494	38000
	493	69000
	492	82000
	491	91000

売り注文数

買い注文数

05 板の「厚さ」を見てトレードする

板で見るべきポイントはいくつかあるのですが、私がもっとも重視しているのは、「厚さ」です。厚さとは、注文の多さです。

板が厚い……取引所に出ている注文が多い
板が薄い……取引所に出ている注文が少ない

取引所に多くの注文が出ている状況を「板が厚い」といい、取引所に出ている注文が少ない状況を「板が薄い」といいます。

たとえば、次ページ上段の板の図では、多くの注文が出ています。板が厚い状況です。

しかし、次ページ下段の板の図では、注文があまり出ていません。板が薄い状況です。

板が薄いと急落しやすい

板が厚い

売数量	気配値	買数量
55000	510	
48000	509	
22000	508	
17000	507	
17000	506	
41000	505	
53000	504	
35000	503	
23000	502	
7000	501	
	500	34000
	499	25000
	498	51000
	497	79000
	496	56000
	495	88000
	494	38000
	493	69000
	492	82000
	491	91000

板が薄い

売数量	気配値	買数量
11000	510	
2000	509	
2000	508	
1000	507	
1000	506	
5000	505	
1000	504	
2000	503	
2000	502	
3000	501	
	500	2000
	499	1000
	498	1000
	497	2000
	496	1000
	495	5000
	494	1000
	493	3000
	492	3000
	491	4000

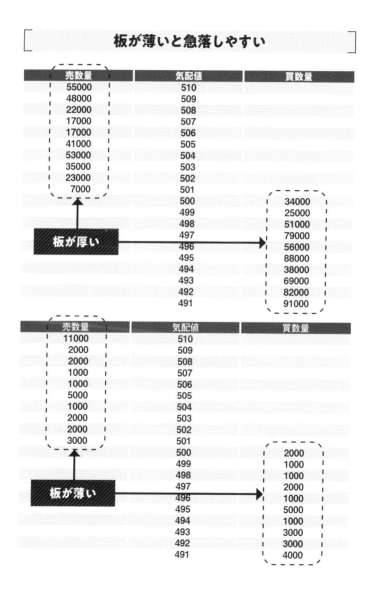

このように、板を見る場合は、厚いか薄いかに注目します。

板の厚さをトレードに活かす

一般的に、買い板が売り板に比べて厚い場合は株価が下がりにくく、買い板が売り板に比べて薄い場合は株価が下がりやすくなります。

買い板のほうが厚い……下がりにくい
売り板のほうが厚い……上がりにくい

このことから、買いで入る場合は買い板が厚い状況のほうが有利で、売り（カラ売りのこと。88ページ参照）で入る場合は売り板の厚い状況のほうが有利です。本やネットの情報の中には、「株価は板の厚いほうに動く」と書かれているものもあります。たとえば、売り板が厚いと株価は売り板の方向、つまり上に動くということです。ここで説明したこととは逆になります。こういった状況もあるのですが、それは株価の動きに勢いがあるときにかぎります。基本的には、板の厚いほうと逆方向に動きやすくなります。

03
06
歩み値を見るポイント

トレードで余裕ができたら、歩み値をチェックしましょう。

歩み値とは、約定値段と約定株数が時系列で表示されたものです。

51ページの図が歩み値です。

歩み値を見るポイントは、トレーダーによって異なります。私の場合は、以下のところを見ています。

①まとまった買い注文が出たか
②まとまった売り注文が出たか
③上値を追う買い注文が出たか
④下値を叩く売り注文が出たか

まとまった買い注文が出た場合、さらに株価が上がる確率が高くなります。そのため、買いが有利です。

まとまった売り注文が出た場合、さらに株価が下がる確率が高くなります。そのため、買いは不利なので注意が必要です。

上値を追う買い注文が出た場合、株価はさらに上がる確率が高いです。この場合も、買いが有利です。

下値を叩く売り注文が出た場合、株価はさらに下がる確率が高いです。そのため、買いで入る場合は株価の急落を警戒しなければなりません。

このように、歩み値のデータをデイトレードに活かしていきます。

歩み値は継続して見る必要はありません。

時々見るか、ポジションを持つ直前に見るだけでいいでしょう。

歩み値の見方を覚える

歩み値とは？

約定値段と約定株数が時系列で表示されたもの

時刻	価格	約定出来高
9:20	372	10
9:20	372	10
9:20	372	7
9:20	372	2
9:20	373	95
9:20	374	101
9:20	375	82
9:20	375	55
9:20	376	98
9:20	377	12
9:20	377	8
9:20	377	4
9:20	377	20
9:20	377	8
9:19	377	152
9:19	378	211
9:19	378	1
9:19	378	12
9:19	378	5

まとまった売り注文が出たら
その後、下落に注意する！

03

07 ボリンジャーバンドを使う

本書の手法では、トレードのタイミングを見極めるために「ボリンジャーバンド」というテクニカル指標を使います。

ボリンジャーバンドとは、米国のジョン・ボリンジャー氏が考案したテクニカル指標です。移動平均線と、その上下に値動きの幅を示す線を加えた指標です。

かなり有名なテクニカル指標なので、使ったことがある人も多いことでしょう。

まずは、ボリンジャーバンドの見方を説明します。

次ページのチャートを見てください。曲線がボリンジャーバンドです。

1番上のライン……「＋2σ（プラス2シグマ）」

ボリンジャーバンドの見方

ベクター（東証スタンダード2656）5分足チャート

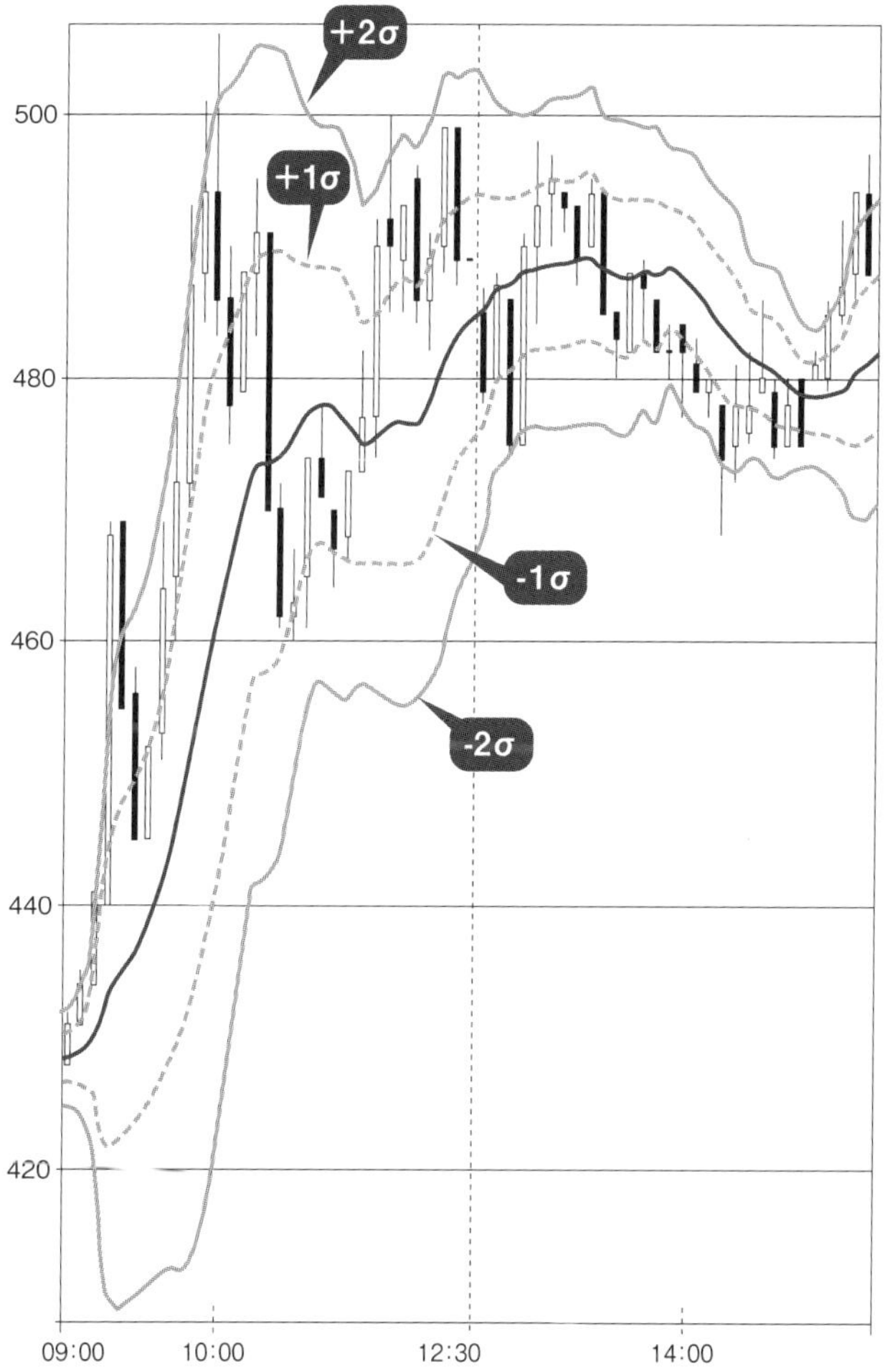

上から2番目のライン……「＋1σ（プラス1シグマ）」
上から3番目（真ん中）のライン……移動平均線
上から4番目のライン……「－1σ（マイナス1シグマ）」
上から5番目（一番下）のライン……「－2σ（マイナス2シグマ）」

一般的には、この5本のラインを表示します。

移動平均線を中心に、上下2本ずつのバンド（曲線）が表示されているわけです。

ボリンジャーバンドは、ネット証券のチャートで表示できるはずです。

本書の手法では、以下の設定で使います。

5分足チャート……期間12
日足チャート……期間25

ボリンジャーバンドの設定がこのようになっているか必ず確認してください。

03
08 ボリンジャーバンドの売買シグナル

次はボリンジャーバンドの一般的な売買シグナルについて説明します。売買シグナルは以下のとおりです。

株価が「＋2σ」を上抜け……売りシグナル
株価が「－2σ」を下抜け……買いシグナル

株価が「＋2σ」を上抜けすると、「買われ過ぎ」という判断から売りシグナルになります。

すでに買いポジションを持っている場合は売ります。新規でポジションを持つ場合はカラ売りをします。

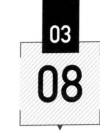

株価が「－2σ」を下抜けすると、「売られ過ぎ」という判断から買いシグナルになります。

すでに売りポジションを持っている場合は買い戻します。新規でポジションを持つ場合は買います。

このように、株価と「±2σ」の位置関係によって、売買シグナルが決まるわけです。

ボリンジャーバンドの売買シグナルで儲かるのか？

では、ボリンジャーバンドの売買シグナルどおりにトレードをすれば、儲けられるのでしょうか。

株価がボリンジャーバンドの売買シグナルどおりに動くこともあります。

しかし、売買シグナルどおりに動かないこともよくあります。

たとえば、次ページのAのところのように、「＋2σ」を上抜けしたのに株価が下落しないで、さらに上昇していくこともよくあります。

同様に、次ページのBのところのように、「－2σ」を下抜けしたのに株価が上昇しないで、さらに下落していくこともよくあります。

ボリンジャーバンドのシグナルで儲かる？

テラ（東証スタンダード2191）5分足チャート

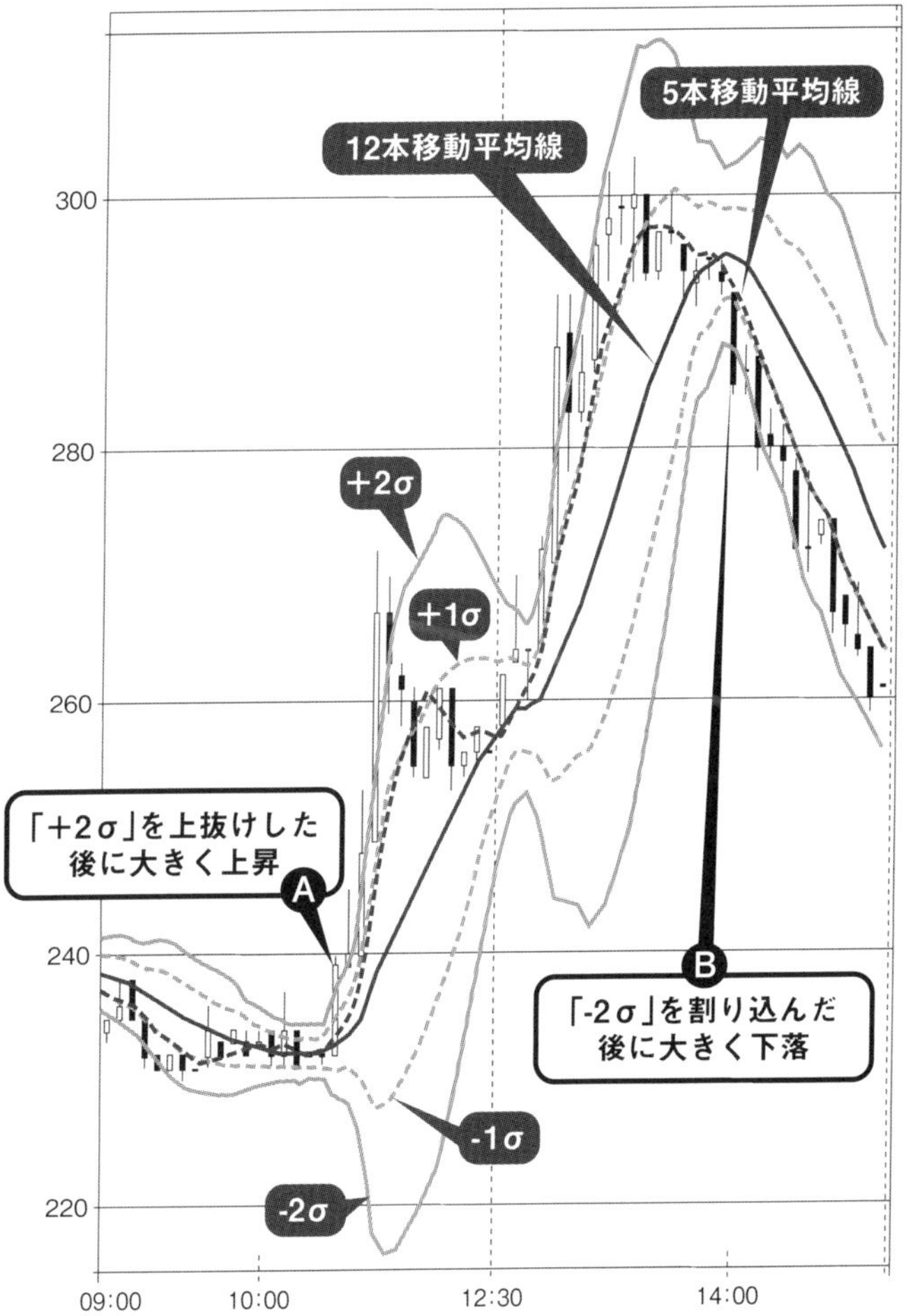

そのため、売買シグナルどおりにトレードをしても、なかなか利益が出ません。

ボリンジャーバンドのこのような売買シグナルでコンスタントに利益が出るのは、レンジ相場（株価が一定の値幅で上下する相場のこと）だけです。

本書では、ボリンジャーバンドを使ってトレードのタイミングを見極めるわけですが、このシグナルで売買することはありません。

第4章

デイトレードで狙う銘柄の条件

04

01 デイトレードではどのような銘柄を狙えばよいのか？

この章では、デイトレードで狙う銘柄について説明します。

デイトレードではどのような銘柄を狙えばよいのでしょうか。

このような質問を何度となく受けたことがあります。

初心者の方は、どのような銘柄をトレードすればよいのか、わからないことでしょう。

私自身もデイトレードを始めたときは、どの銘柄をトレードしていいのかまったくわかりませんでした。

証券取引所に上場されている銘柄はたくさんあります。その中からなにを基準に選べばいいのか、まったくわかりませんでした。

デイトレードに適した銘柄は、以下の条件を満たした銘柄です。

①値動きがある
②値幅が大きい

1つ目の条件は、「値動きがある」です。

デイトレードにかぎらず、トレードでは値動きがないと利益を出すことができません。もし、株を買った後、株価が動かなければ、損失は出ませんが、利益も出ません。株価が動くことによって、初めて損益が出るわけです。

そのため、値動きがない銘柄はデイトレードには適していません。値動きのある銘柄が適しているというわけです。

また、値動きがある銘柄でも、値動きが止まってしまうことがあります。動きがなくなった時点で、デイトレードに向かない銘柄ということになってしまいます。

2つ目の条件は、「値幅が大きい」です。

もう少し具体的にいうと、「1日の高値と安値の差が大きな銘柄」ということになります。

逆に、デイトレードに適していない銘柄は、「値幅の小さな銘柄」です。

たとえば、ある銘柄の1日の値幅が3円だとします。

安値が500円、高値が503円。

この銘柄でデイトレードをして、利益を出すのはかなり難しいと思います。

しかし、1日の値幅が80円あったらどうでしょう。安値が500円、高値が580円です。値幅が3円の銘柄に比べれば、こちらのほうが利益を出しやすいと思います。

こういったことから、値幅が小さい銘柄はデイトレードに適していません。デイトレードに適しているのは値幅が大きな銘柄です。

しかし、値幅が大きな銘柄でも、値動きがなくなってしまえば、デイトレードに向かない銘柄になってしまいます。たとえば、大きく上昇した後に、高値圏で小動きになってしまうような銘柄です。500円から580円まで上昇し、その後は579円から581円の間で推移するような銘柄です。

つまり、値動きがあるだけではだめです。値幅が大きくないとデイトレードには適していません。

また、値幅が大きいだけでもだめです。値動きがないとデイトレードには適してないわけです。

デイトレードで稼ぎやすい銘柄はどのような銘柄か？

私が運営しているウェブサイト『二階堂重人 公式サイト』を読んでいる方は知っていると思いますが、「上下ブレブレ」という言葉をよく使います。

これは、株価が上がったり下がったりしている状態のことです。上ブレと下ブレがある動きです。

こういった銘柄こそが稼ぎやすい銘柄です。

私は上ブレと下ブレがある銘柄を中心にトレードしています。

具体的にどのような銘柄なのか知りたい方は、私のサイトを一度見てください。銘柄名が書いてありますので、それらの5分足チャートを見れば、どのような動きをしている銘柄なのかわかると思います（推奨銘柄ではありません）。

どの市場の銘柄を狙えばよいのか？

東京証券取引所には、「東証プライム」だけでなく、「東証スタンダード」「東証グロース」

という市場もあります。

デイトレードを始めたばかりの方は、どうしても東証プライムに上場されている銘柄に目がいきがちです。

任天堂（東証プライム7974）やソフトバンク（東証プライム9984）などの有名な企業の銘柄が多いので、当然のことです。

逆に、東証スタンダード、東証グロースに上場されている銘柄は、あまり馴染みのない企業の銘柄が多いので、どうしても手を出しにくくなってしまいます。

デイトレードの対象となる銘柄は、東証プライムでなくてもかまいません。どの市場の銘柄でもよいということです。

私自身は、東証スタンダード、東証グロースに上場されている銘柄をトレードすることが多いです。値動きが軽いので、上下ブレブレになることが多く、稼ぎやすいからです。しかし、これらの市場にこだわっているわけではありません。

どの市場ということにこだわらず、61ページで述べた2つの条件に該当する銘柄を狙っていくようにしましょう。

04
02

デイトレードに適した銘柄は騰落率ランキングで探す

では、デイトレードに適した銘柄はどのようにして探せばよいのでしょうか。

これは、61ページの条件の1つである「値動きが大きい」に該当する銘柄を探します。

しかし、東京証券取引所に上場されてる銘柄は3600銘柄以上もあります（2018年10月末現在）。それらの株価を1銘柄ずつチェックしていくわけにはいきません。


銘柄探しは、「騰落率ランキング」を使います。騰落率ランキングとは、前日の終値に対して騰落率の高い銘柄を掲載したランキングのことです。

騰落率ランキングには、「値上がり率ランキング」と「値下がり率ランキング」の2つがあります。

値上がり率ランキング……前日の終値に対して値上がり率の高い銘柄のランキング
値下がり率ランキング……前日の終値に対して値下がり率の高い銘柄のランキング

騰落率ランキングは、ネット証券の株価情報のページで見ることができます。

たとえば、松井証券なら「ＱＵＩＣＫ情報」のランキングのページです。

①松井証券の管理画面にログイン
②上部の「情報検索」をクリックする
③「ＱＵＩＣＫ情報」をクリックする
④「起動する」をクリックする
⑤「ランキング」をクリックする

騰落率ランキングを上から順に見ていき、デイトレードに適した銘柄を探していきます。

取引時間中は騰落率ランキングを頻繁に見るようにしましょう。

常に、デイトレードに適した銘柄がないか、探すようにしてください。

騰落率ランキングとは？

値上がり率ランキング

前日の終値に対して値上がり率の高い銘柄のランキング

	コード	銘柄名	市場	業種	現在値		前日比	騰落率	売買高	売買代金
1	1689/T	ガスETF	東証	その他	4	(09:00)	+1	+33.33%	453.9	1.816
2	3840/T	ＰＡＴＨ	東証２部	情報・通信業	259	(09:00)	+12	+4.85%	38.7	9.907
3	1757/T	ｸﾚｱHD	東証２部	建設業	27	(09:00)	+1	+3.84%	90.5	2.443
4	2459/T	ｱｳﾝｺﾝｻﾙ	東証２部	サービス業	467	(09:00)	+14	+3.09%	229.5	105.539
5	2520/T	新興株式	東証	その他	1030	(09:00)	+30	+3.00%	0.06	0.062
6	8247/T	大　和	東証２部	小売業	576	(09:00)	+16	+2.85%	1	0.571
7	3047/FK	TRUCKONE	福証Q-Board	卸売業	222	(09:00)	+6	+2.77%	0.2	0.044
8	6803/T	ﾃｨｱｯｸ	東証１部	電気機器	37	(09:00)	+1	+2.77%	31481	1133.317
9	8237/T	松　屋	東証１部	小売業	1184	(09:00)	+30	+2.59%	13.1	15.51
10	1904/T	大成温	東証JQｽﾀﾝﾀﾞｰﾄﾞ	建設業	2067	(09:00)	+50	+2.47%	0.2	0.413
11	7758/T	ｾｺﾆｯｸHD	東証２部	機械	1268	(09:00)	+30	+2.42%	0.2	0.254
12	2820/T	やまみ	東証JQｽﾀﾝﾀﾞｰﾄﾞ	食料品	2110	(09:00)	+50	+2.42%	1.3	2.743
13	2413/T	ｴﾑｽﾘｰ	東証１部	サービス業	5150	(09:00)	+120	+2.38%	99.3	506.74
14	7610/T	テイツー	東証JQｽﾀﾝﾀﾞｰﾄﾞ	小売業	44	(09:00)	+1	+2.32%	27.1	1.166
15	6030/T	ｱﾄﾞﾍﾞﾝﾁｬ	東証ﾏｻﾞｰｽﾞ	サービス業	10620	(09:00)	+240	+2.31%	8.5	90.772
16	1663/T	K&Oｴﾅｼﾞｰ	東証１部	鉱業	1792	(09:00)	+40	+2.28%	1.3	2.33
17	3098/T	ｺｺｶﾗﾌｧｲﾝ	東証１部	小売業	6810	(09:00)	+150	+2.25%	4.4	29.765
18	3558/T	ロコンド	東証ﾏｻﾞｰｽﾞ	小売業	1359	(09:00)	+30	+2.25%	36.2	48.883
19	2038/T	原油ブル	東証	その他	2063	(09:00)	+45	+2.22%	19.337	39.878
20	6920/T	ﾚｰｻﾞｰﾃｸ	東証１部	電気機器	4165	(09:00)	+90	+2.20%	21.2	88.08

値下がり率ランキング

前日の終値に対して値下がり率の高い銘柄のランキング

	コード	銘柄名	市場	業種	現在値		前日比	騰落率	売買高	売買代金
1	7244/T	市光工	東証１部	電気機器	1075	(09:00)	-71	-6.19%	72.3	79.62
2	3138/T	富士マガ	東証ﾏｻﾞｰｽﾞ	小売業	975	(09:00)	-43	-4.22%	0.6	0.588
3	3297/T	東武住販	東証JQｽﾀﾝﾀﾞｰﾄﾞ	不動産業	1363	(09:00)	-48	-3.40%	1.9	2.638
4	8740/T	フジトミ	東証JQｽﾀﾝﾀﾞｰﾄﾞ	証券商品先物	243	(09:00)	-8	-3.18%	1	0.243
5	9704/T	ｱｺﾞｰﾗHG	東証１部	サービス業	33	(09:00)	-1	-2.94%	21.6	0.713
6	2588/T	Pｳｫｰﾀｰ	東証２部	食料品	1661	(09:00)	-49	-2.86%	4.1	6.96
7	6656/T	ｲﾝｽﾍﾟｯｸ	東証２部	電気機器	1053	(09:00)	-31	-2.85%	3.4	3.585
8	2146/T	UT GROUP	東証JQｽﾀﾝﾀﾞｰﾄﾞ	サービス業	3635	(09:00)	-105	-2.80%	9	33.029
9	8909/T	ｼﾉｹﾝG	東証JQｽﾀﾝﾀﾞｰﾄﾞ	不動産業	1429	(09:00)	-41	-2.78%	185.6	267.444
10	7192/T	ﾓｰｹﾞｰｼﾞS	東証２部	その他金融業	1722	(09:00)	-48	-2.71%	2.9	5.046
11	4645/T	市進ＨＤ	東証JQｽﾀﾝﾀﾞｰﾄﾞ	サービス業	572	(09:00)	-15	-2.55%	4	2.303
12	6187/T	LITALICO	東証１部	サービス業	2540	(09:00)	-65	-2.49%	18.4	47.039
13	6494/T	NFK-HD	東証JQｽﾀﾝﾀﾞｰﾄﾞ	機械	119	(09:00)	-3	-2.45%	60.5	7.199
14	3186/T	ﾈｸｽﾃｰｼﾞ	東証１部	小売業	758	(09:00)	-19	-2.44%	33.5	25.613
15	2311/T	エプコ	東証JQｽﾀﾝﾀﾞｰﾄﾞ	サービス業	1502	(09:00)	-37	-2.40%	1.8	2.704
16	6531/T	ﾘﾌｧｲﾝﾊﾞｽ	東証ﾏｻﾞｰｽﾞ	サービス業	1600	(09:00)	-39	-2.37%	4.6	7.359
17	7834/T	マルマン	東証JQｽﾀﾝﾀﾞｰﾄﾞ	その他製品	169	(09:00)	-4	-2.31%	11.5	1.952
18	1999/FK	サイタHD	福証	建設業	2042	(09:00)	-48	-2.29%	0.1	0.204
19	3319/T	ＧＤＯ	東証１部	小売業	860	(09:00)	-20	-2.27%	10.2	8.818
20	6183/T	ﾍﾞﾙ24HD	東証１部	サービス業	1793	(09:00)	-41	-2.23%	22.6	40.552

出所：松井証券（QUICK情報）
注：市場の表記は本書の初版発行時のもの

04

03

デイトレーダーが群がる銘柄

デイトレードで稼ぐためのコツはいくつかあるのですが、その1つは「デイトレーダーが群がる銘柄をトレードする」ことです。

株式市場の中には、デイトレーダーが群がっている銘柄がいくつかあります。それをいち早く探し、トレードをすることがデイトレードで稼ぐコツです。

デイトレーダーが群がっている銘柄の特徴

- **材料が出ていないのに大きく動いている**
- **急騰または乱高下している**

デイトレーダーが群がっている銘柄は値動きが大きいので、騰落率ランキングにランクインしています。初めのうちは、どの銘柄にデイトレーダーが群がっているのかわからないと思います。しかし、経験を積んでいくことで、少しずつわかってきます。「この銘柄、群がってるな」というように、すぐにわかるようになるでしょう。

デイトレーダーが群がっている銘柄を見つけたら、株価ボード（80ページ参照）に登録しましょう。そして、値動きを見ながらタイミングを見計らって、トレードします。

デイトレーダーが群がる銘柄は、数日間動くことが多いです。そのため、見つけてしまえば、数日間稼げる可能性があるわけです。また、数日間動いた後、いったん動きがなくなり、そして、再び動き出す、ということもよくあります。動きが止まっても、しばらくの間は監視しておきましょう。

寄り付き直後の10分間くらいしか動かない銘柄

デイトレーダーが群がる銘柄は数日間動くことが多いのですが、中には1日しか動かない銘柄もあります。ひどい銘柄になると、寄り付き直後の10分間くらいしか動きません。

しかし、そのかぎられた時間の中でも稼ぐことができます。

10分間しか動かない銘柄でも、デイトレーダーにとっては大切な存在なのです。

トランプのババ抜き

デイトレーダーが群がる銘柄でのトレードは、「トランプのババ抜き」のようなゲーム感覚です。

ババ抜きで負けとなるのは、「最後にババ（ジョーカー）を持っていた人」です。デイトレードの場合は、「高値で買って、持っていた人」です。

ババ抜きでは、ジョーカーを引いてしまったら、カードがなくならないうちに、誰かにジョーカーを引かせなければ負けてしまいます。

デイトレードでは、高値で株をつかんでしまったら、高値圏で参加者がいなくならないうち（または株価が急落しないうち）に、誰かにその株を売りつけなければ損をしてしまいます。こういったゲームをしているような感覚です。

デイトレーダーが群がる銘柄は値動きが激しいので、初心者の方にとってはなかなか難しいかもしれません。しかし、こういった銘柄で利益を出せるようになれば、デイトレードでコンスタントに稼げるようになります。

デイトレーダーが群がる銘柄の探し方

値上がり率ランキング

■値上り率ランキング　全取引所

	コード	銘柄名	市場	業種	現在値		前日比	騰落率	売買高	売買代金
1	6696/T	ﾄﾗﾝｻﾞｽ	東証ﾏｻﾞｰｽﾞ	電気機器	1879	(09:16)	+278	+17.36%	28.1	49.43
2	4978/T	ﾘﾌﾟﾛｾﾙ	東証JQｸﾞﾛｰｽ	化学	275	(09:16)	+40	+17.02%	4729	1255.389
3	3840/T	ＰＡＴＨ	東証２部	情報・通信業	278	(09:16)	+31	+12.55%	602.3	162.946
4	7889/T	桑　山	東証JQｽﾀﾝﾀﾞｰﾄﾞ	その他製品	788	(09:15)	+83	+11.77%	86.3	67.92
5	3996/T	ｻｲﾝﾎﾟｽﾄ	東証ﾏｻﾞｰｽﾞ	情報・通信業	3370	(09:16)	+310	+10.13%	237.9	800.995
6	4575/T	CANBAS	東証ﾏｻﾞｰｽﾞ	医薬品	695	(09:16)	+57	+8.93%	53.6	36.067
7	8918/T	ランド	東証１部	不動産業	13	(09:13)	+1	+8.33%	7958.6	95.514
8	3047/FK	TRUCKONE	福証Q-Board	卸売業	234	(09:10)	+18	+8.33%	6.5	1.473
9	1446/T	ｷｬﾝﾃﾞｨﾙ	東証ﾏｻﾞｰｽﾞ	建設業	1373	(09:16)	+103	+8.11%	21.3	29.176
10	6544/T	JESHD	東証ﾏｻﾞｰｽﾞ	サービス業	3265	(09:16)	+240	+7.93%	140.2	453.014
11	7265/T	ｴｲｹﾝ工業	東証JQｽﾀﾝﾀﾞｰﾄﾞ	輸送用機器	3330	(09:07)	+240	+7.76%	0.3	0.987
12	1757/T	ｸﾚｱHD	東証２部	建設業	28	(09:12)	+2	+7.69%	94.1	2.543
13	2491/T	Vｺﾏｰｽ	東証１部	サービス業	2283	(09:16)	+163	+7.68%	460.2	1049.095
14	9471/M	文溪堂	名証２部	情報・通信業	1295	(09:06)	+89	+7.37%	0.8	1.036
15	6532/T	ﾍﾞｲｶﾚﾝﾄ	東証ﾏｻﾞｰｽﾞ	サービス業	3225	(09:16)	+210	+6.96%	66.6	207.75
16	3136/S	エコノス	札証ｱﾝﾋﾞｼｬｽ	小売業	789	(09:12)	+50	+6.76%	0.4	0.308
17	4570/T	免疫生物	東証JQｸﾞﾛｰｽ	医薬品	914	(09:16)	+57	+6.65%	205.8	191.164
18	2216/T	カンロ	東証２部	食料品	4795	(09:16)	+295	+6.55%	7.3	33.615
19	3994/T	ﾏﾈﾌｫﾜｰﾄﾞ	東証ﾏｻﾞｰｽﾞ	情報・通信業	4720	(09:16)	+285	+6.42%	32.3	149.968
20	9311/T	アサガミ	東証２部	倉庫運輸関連	4765	(09:09)	+280	+6.24%	0.1	0.476

出所：松井証券（QUICK情報）
注：市場の表記は本書の
　初版発行時のもの

リプロセルは取引開始からわずか16分で出来高が400万株を超えているので、ほぼ間違いなし！

04

04 業績が悪い企業の銘柄でも利益を出すことができる

デイトレードでは、企業の業績はほとんど関係ありません。

重要なのは、業績ではなく、値動きです。どんなに業績が良くても、デイトレードの当日に株価が動かなければ、利益を出すことができないからです。

株価が大きく動けば、どんなに業績が悪い銘柄でもデイトレードの対象になります。

1つ例をあげておきましょう。次ページのチャートは、エス・サイエンス（東証スタンダード5721）の5分足チャートです。株式投資の経験が長い人は知っていると思いますが、ここは業績があまり良くない企業です。

この日、本書で紹介する手法で買って大きな利益を上げることができました。

このように、業績が悪い銘柄でも株価が大きく動けば、デイトレードで利益を出すことができるわけです。

業績が悪い銘柄でもデイトレードの対象になる

エス・サイエンス（東証スタンダード5721）5分足チャート

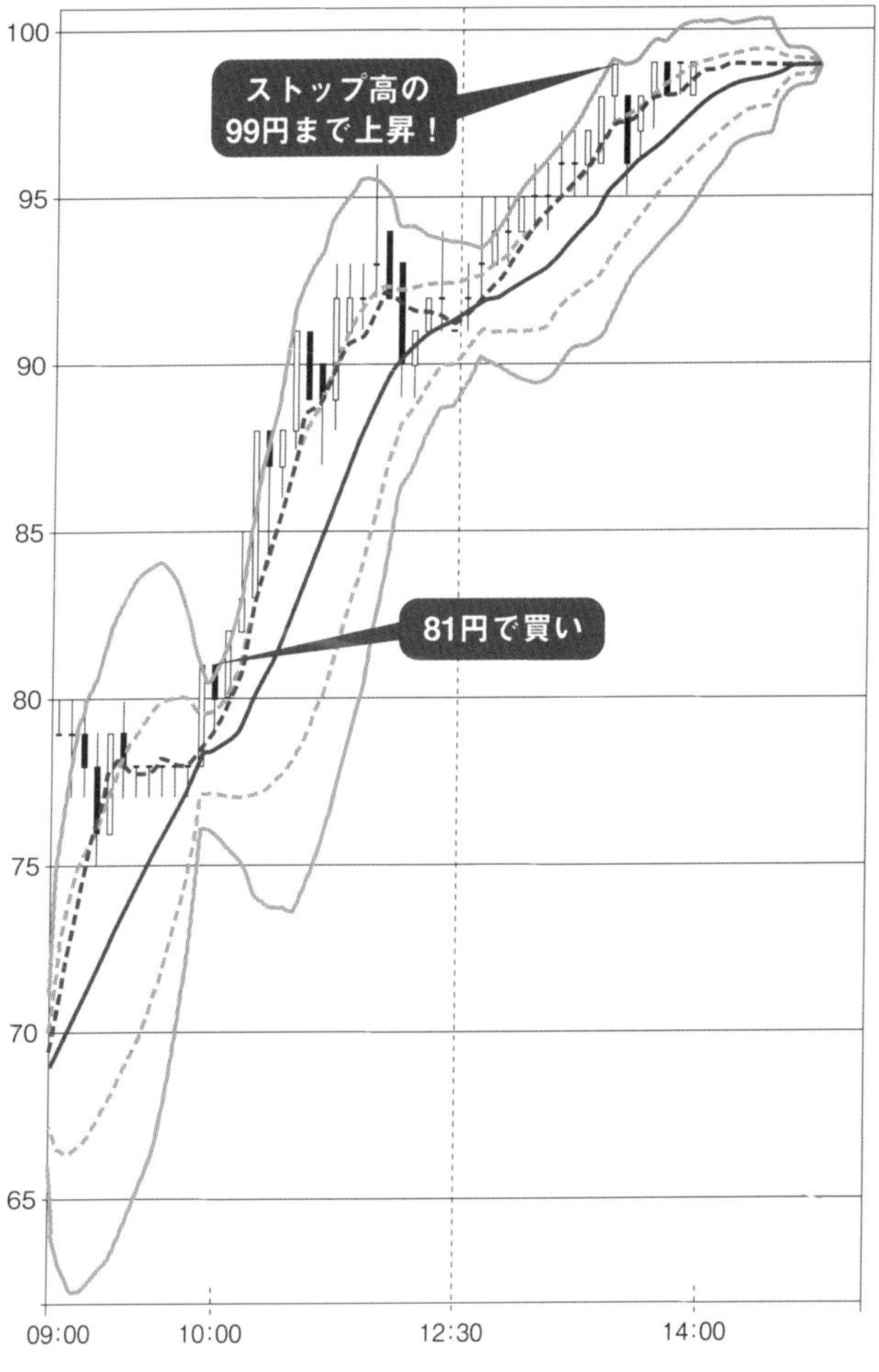

04

05 1日の出来高が極端に少ない銘柄はトレードしない

どの市場の銘柄でもかまわないし、業績が悪くてもかまわないのですが、私の過去の経験から、こういった銘柄はやらないほうがいいというのがいくつかあります。

その1つは、「1日の出来高が極端に少ない銘柄」です。

出来高が極端に少ない銘柄をデイトレードの対象にしない理由は、主に以下の3つです。

①値動きがあまりない
②株価の動きに流れがないので、値動きを読むのが難しい
③突発的な動きがあるため、リスクも高い

1つ目の理由は、「値動きがあまりないから」です。

61ページで述べたとおり、デイトレードの対象となる銘柄は、1日の値動きの大きさが重要になります。1日の値動きが大きくないと利幅を取るのが難しいからです。

出来高が極端に少ない銘柄の多くは、動きがあまりありません。そのため、利幅を取るのが難しいので、トレードの対象にしないわけです。

2つ目の理由は、「値動きを読むのが難しいから」です。

出来高が極端に少ない銘柄の多くは、株価の動きに流れがなく、チャートで値動きを読むのが難しいのです。そのため、トレードの対象にはしないわけです。

3つ目の理由は、「突発的な動きがあるから」です。

出来高が極端に少ない銘柄は、突発的な動きをすることがあります。

もちろん、出来高が多い銘柄でも突発的な動きをすることはあるのですが、確率的にいうと、極端に出来高が少ない銘柄のほうが高いです。買った後、突発的に値上がりするのならいいのですが、突発的に値下がりしてしまうと大きな損失が出てしまいます。そのため、トレードの対象にはしていないわけです。

以上が、1日の出来高が極端に少ない銘柄をトレードしない理由です。目安としては、「1日100万株以上」です。これくらいの出来高があれば、十分でしょう。

04

06

板が薄い銘柄はデイトレードに向かない

46ページで板の厚さについて説明しましたが、板が薄い銘柄もデイトレードには適していません。

板が薄いと、売りたいときに売れない、買い戻したいときに買い戻せない、ということがあります。

たとえば、1万株を持っていたとします。その1万株を、次ページの板のような状態で売ったら、その売り注文だけで株価が7円も下がってしまいます（成行注文で売った場合）。

1万株をすべて500円で売りたいと思っても、売れないわけです。

このように板が薄い場合、取引所に出ている買い注文も少ないので、売りたい値段で売れないことが多いです。利食いしたいとき、逃げたいときに売ることができません。

そのため、板が薄い銘柄はデイトレードに向かないわけです。

板が薄いと急落しやすい

売数量	気配値	買数量
11000	510	
2000	509	
2000	508	
1000	507	
1000	506	
5000	505	
1000	504	
2000	503	
2000	502	
3000	501	
	500	2000
	499	1000
	498	1000
	497	1000
	496	1000
	495	2000
	494	1000
	493	3000
	492	3000
	491	4000

この板で1万株の成行の売り注文が出ると、
493円まで値下がりしてしまう

04

07

出来高が少ない銘柄は5分足チャートを見ればわかる

出来高が少ない銘柄というのは、5分足チャートを見てもわかります。

次ページの2つのチャートを比べてみてください。上が出来高の少ない銘柄の5分足チャートで、下が出来高が多い銘柄の5分足チャートです。

上のチャートは、ローソク足がないところもあります。これは、その5分間に取引がなかったことを表しています。

逆に、下のチャートは、取引開始から取引終了まで、ローソク足があります。抜けているところはありません。5分間のうちに必ず取引があったわけです。

このように、5分足チャートでローソク足が抜けているような銘柄は出来高が少ないので、デイトレードには向いていません。

慣れてくれば、一目でわかるようになります。

チャートでわかる出来高

アイレックス（東証ジャスダック［当時］6944）5分足チャート

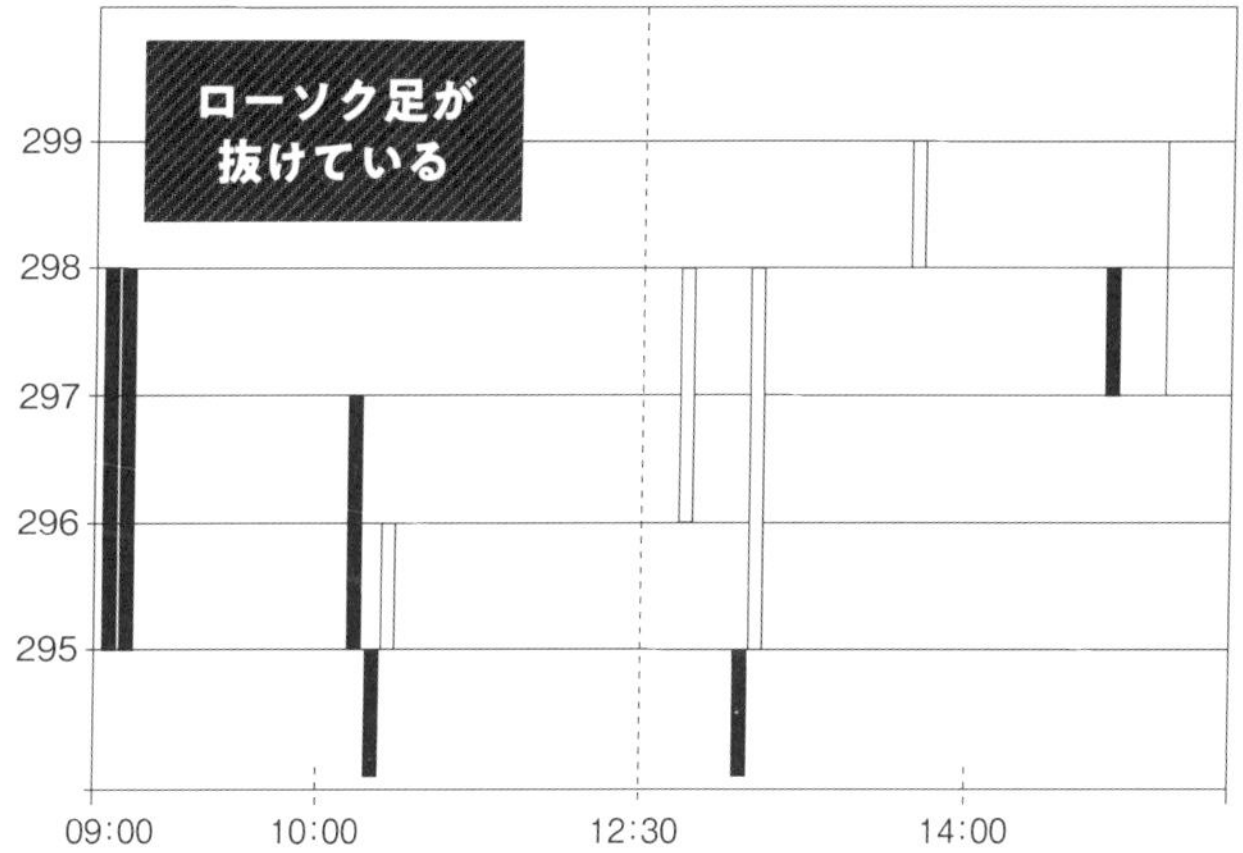

夢みつけ隊（東証スタンダード2673）5分足チャート

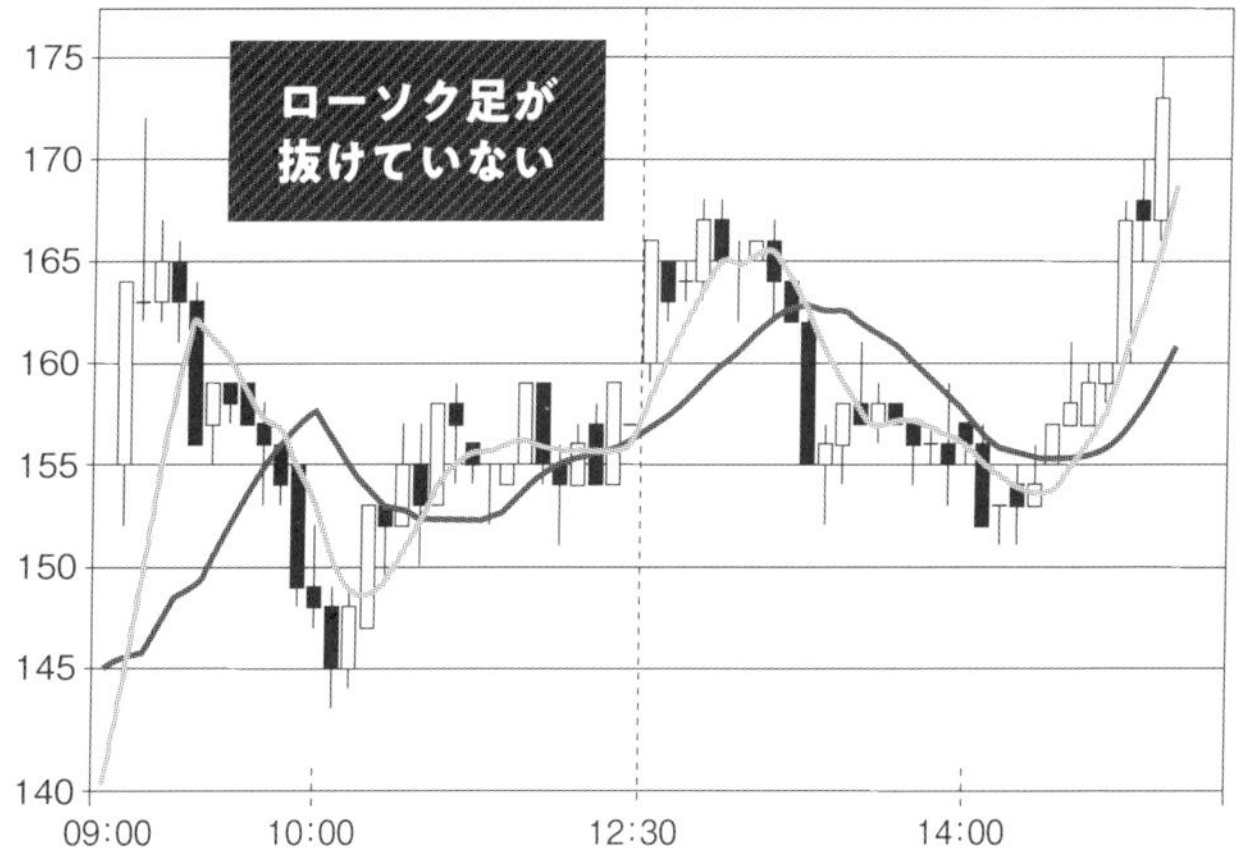

04

08 監視銘柄とは？

値動きが大きくてデイトレードに適した銘柄は、「監視銘柄」にしましょう。

監視銘柄とはその名のとおり、値動きを監視しておく銘柄のことです。

どの銘柄を監視銘柄にするかによって、その日の利益が違ってきます。それほど重要です。

監視銘柄は、株価ボードのツールに登録しておきましょう。

ツールで有名なのは、楽天証券の「マーケットスピード」や松井証券の「ネットストックトレーダー」です。

楽天証券……マーケットスピード
松井証券……ネットストックトレーダー

岡三オンライン証券……岡三ネットトレーダー

有料のツールと無料のツールがありますが、初めのうちは無料のツールでかまいません。

私の場合、２００銘柄ぐらいを株価ボードに登録しています。その中で重点的に見ているのは、30銘柄ぐらいです（相場によって増減します）。

監視銘柄は多いほどよいのですが、初めのうちは数が多いと戸惑ってしまうので、５銘柄くらいでいいでしょう。慣れてきたら、徐々に増やしてください。

取引時間中は、株価ボードを頻繁に見て、監視銘柄の値動きをチェックしましょう。

株価だけではなく、板や5分足チャートも見てください。

第5章

信用取引を利用しよう！

05
01
デイトレードでは信用取引を利用する

この章では、「信用取引」について説明します。デイトレードでは信用取引を利用することをおすすめします。信用取引とは、保証金による取引のことです。

信用取引のメリットは主に以下の2つです。

①レバレッジを効かせられる
②売りから入ることができる

1つ目のメリットは、レバレッジを効かせたトレードができることです。

レバレッジとは、てこの原理のこと。信用取引では保証金の約3倍の取引ができます。

たとえば、保証金として100万円を預けたとします。この場合、約300万円の取引ができるわけです。

これは資金の少ないトレーダーにとっては大きなメリットになります。


２つ目のメリットは、売りから入ることができるということです。

信用取引には、２つの取引があります。「買い建て」と「売り建て」です。

買い建て……先に買って、後で売る取引。株価が値上がりすると利益が出ます
売り建て……先に売って、後で買い戻す取引。株価が値下がりすると利益が出ます

この２つの取引ができるわけです。

買い建てでは、保証金を担保にして株購入代金を借りて株を買います。株を買うために必要なお金を借りるわけです。買うわけですから、株価が値上がりすると利益が出ます。

売り建てでは、保証金を担保にして株を借りて売ります。購入代金ではなく、株を借り、それを売るわけです。売るわけですから、株価が値下がりすると利益が出ます。

以上の２つが信用取引の大きなメリットです。

05

02

1日のうちに信用枠を何度も使いまわすことができる

2013年にものすごいことが起こりました。

なんと、信用取引制度が変更され、1日のうちで信用枠が何度も使えるようになったのです。それまでの信用取引は、1日の信用枠を使い切ってしまうと、もうその日は信用取引をすることができませんでした。

たとえば、信用取引枠が300万円だったとします。

信用取引で銘柄Aを300万円分買って、それを数分後にすべて売って決済します。すると、2013年以前は、この後はもう信用取引でトレードをすることができませんでした。300万円分の信用枠をすべて使い切ってしまったからです。

しかし、2013年の1月からは、信用枠を何度でも使えるようになりました。

たとえば、前出の例なら、銘柄Aをすべて売った後、信用枠が回復します。

また300万円分の信用取引ができるということです。

この信用枠300万円分で、今度は、銘柄Bを300万円分買ったとします。

それをその日のうちに、すべて売って決済したとします。

すると、信用枠が回復し、また300万円分の信用取引ができるようになるわけです。


このように、1日のうちに信用枠を何度も使いまわすことができるようになりました。

無限に使えるわけです。

これは資金が少ないトレーダーにとって大きなメリットになります。

「100万円の資金を証拠金にして、1日で1億円分のトレードをする」ということも、理論上では可能になります。

デイトレードで稼ぐスキルがあれば、少ない資金でも短期間で大きな利益を得ることができるわけです。このメリットを十分に活かして稼ぎましょう。

05

03

カラ売りを覚えると株価の下落局面でも利益を狙える

売り建てについては難しいので、もう少し説明しておきましょう。

たとえば、株価500円で売り建てたとします。売買手数料や金利を考慮しなければ、499円以下になると利益が出て、501円以上になると損失が出ます。仮に、株価が400円になれば100円分の利益が出ます。株価が600円になれば100円分の損失が出るわけです。損益の出方について理解できたでしょうか。

信用取引で新規に売り建てることを「カラ売り」といいます。

カラ売りを覚えることで、株価の下落局面でも利益を狙うことができます。

株価の上昇局面は買いで利益を狙い、株価の下落局面はカラ売りで利益を狙うといったトレードができれば、効率良く利益を出すことができます。トレードでコンスタントに利益を出したいのであれば、カラ売りは覚えたほうがいいでしょう。

カラ売りは株価が下落すると利益が出る

カラ売りとは？

信用取引の「（新規）売り建て」のこと

「先に売って、後で買う（買い戻す）」という取引

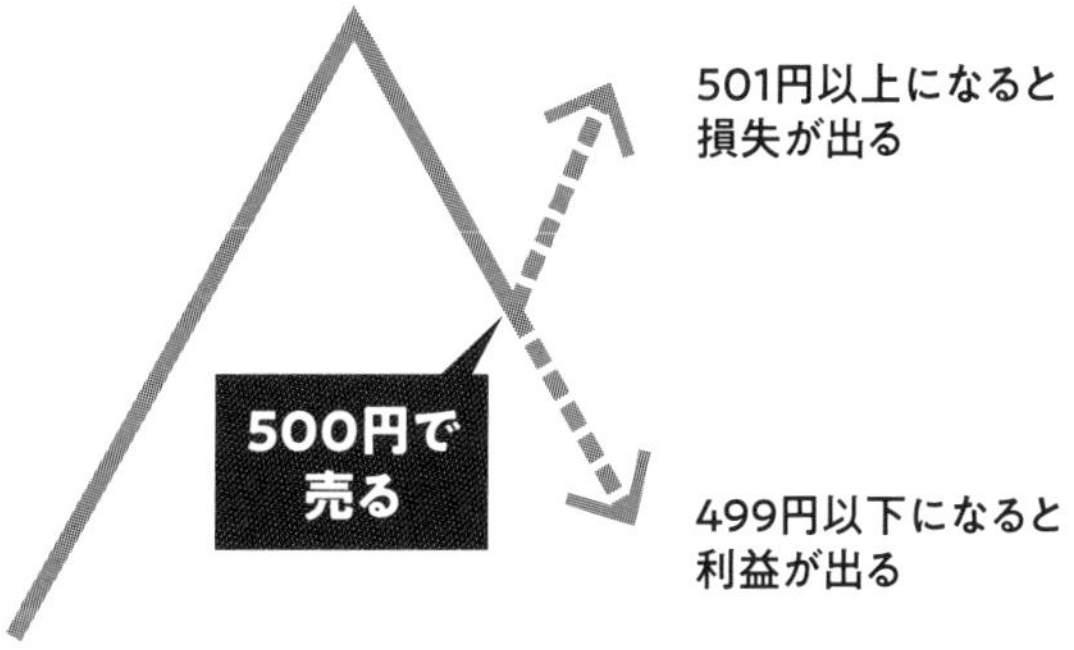

カラ売りした後に株価が上昇……**損失が出る**

カラ売りした後に株価が下落……**利益が出る**

※TOPIX100構成銘柄では、小数点以下の値動きの場合もありますが、理屈は同じです。

05

04

カラ売りができるのは原則として「貸借銘柄」だけ

カラ売りはどの銘柄でもできるわけではありません。原則として、「貸借銘柄」だけです。銘柄の種類は大きく3つに分かれています。

現物銘柄……現物の取引だけ。信用取引はできません

信用銘柄……現物取引も信用取引もできますが、信用取引は買いだけ。カラ売りはできません

貸借銘柄……現物取引も信用取引もできます。信用取引は買いもカラ売りもできます

このように、銘柄の種類によってはカラ売りができないので、注文を出す前に貸借銘柄かどうかを確認しましょう。

◎タイトル：

◎書店名（ネット書店名）：

◎本書へのご意見・ご感想をお聞かせください。

ご協力ありがとうございました。

郵 便 は が き

(切手をお貼り下さい)

170-0013

(受取人)

東京都豊島区東池袋3-9-7
東池袋織本ビル4F
㈱すばる舎 行

この度は、本書をお買い上げいただきまして誠にありがとうございました。お手数ですが、今後の出版の参考のために各項目にご記入のうえ、弊社までご返送ください。

お名前	男・女	才
ご住所		
ご職業	E-mail	
今後、新刊に関する情報、新企画へのアンケート、セミナー等のご案内を郵送またはＥメールでお送りさせていただいてもよろしいでしょうか？ □はい □いいえ		

ご返送いただいた方の中から抽選で毎月３名様に
3,000円分の図書カードをプレゼントさせていただきます。

当選の発表はプレゼントの発送をもって代えさせていただきます。
※ご記入いただいた個人**情報は**プレゼントの発送以外に利用することはありません。
※本書へのご意見・ご感想に関しては、匿名にて広告等の文面に掲載させていただくことがございます。

銘柄の種類の調べ方

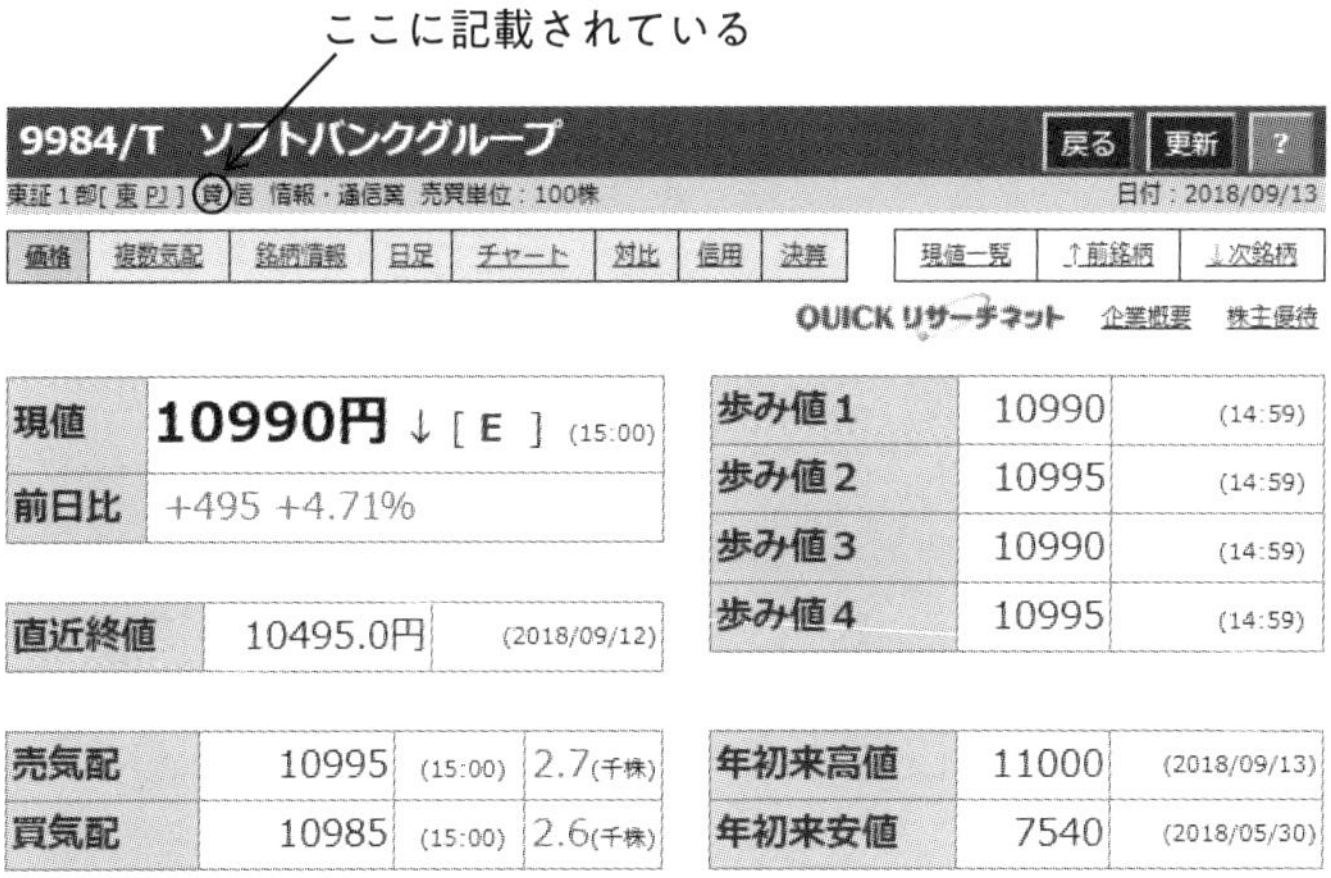

出所：松井証券（QUICK情報）
注：市場の表記は本書の初版発行時のもの

松井証券の場合

1 松井証券「QUICK情報」を開く

2 証券コードを入力して個別銘柄のページを開く

記載なし……現物銘柄

「融」……信用銘柄

「貸」……貸借銘柄

05

05 制度信用取引と一般信用取引の違い

現在、信用取引は「制度信用取引」と「一般信用取引」の2種類があります。

制度信用取引……証券取引所の「制度信用銘柄選定基準を満たした銘柄」を対象にした信用取引

一般信用取引……個々の証券会社が独自に行っている信用取引

制度信用取引は従来からある信用取引です。

大きく異なるのは、「返済期限」「金利」「カラ売りできる銘柄」の3つです。

制度信用取引の返済期限は6カ月以内と決まっています。

一般信用取引の返済期限は証券会社によって異なります。

制度信用取引の金利は証券取引所ごとに決まっています。

一般信用取引の金利は証券会社によって異なります。


制度信用取引で取引できる銘柄は証券取引所によって決まっています。どの証券会社を通しても、取引できる銘柄は同じです。

一般信用取引で取引できる銘柄は、証券会社によって異なります。


一般信用取引は個々の証券会社が独自に行っている信用取引なので、返済期限、金利、取引できる銘柄が証券会社によって異なるわけです。

制度信用取引ではカラ売りできない銘柄でも、一般信用取引ではできることがあります。

必要に応じて使い分けましょう。

05

06 信用取引の規制情報をチェックする

デイトレードで余裕ができたら、取引時間前や取引時間中に個別銘柄の信用取引規制情報をチェックしましょう。

相場が過熱した場合、それを抑えるために取引所が信用取引の規制を設けることがあります。

規制の対象になった銘柄は、株価が大きく動く可能性があります。そのため、トレードには十分注意が必要です。

私が注意しているのは「増担保規制」です。

増担保規制とは、信用取引を行う際に必要な委託保証金というものが、通常より多く必要となる信用規制のことです。

すでに持っている建玉は規制の対象外です。そのため、追加の保証金を求められることはありません。

この規制の対象となると、新規の建玉が極端に減るため、株価が一時的に下落する可能性が高くなります。

それを警戒して、すでに持っている現物株を売ったり、買い建て玉を決済する投資家も多くなります。

そのため、寄り付き前からかなりまとまった売り注文が出たり、取引時間中に突然まとまった売り注文が出ることもあります。

買いで入る場合は、十分に注意しなければなりません。

信用取引の規制情報は以下のところで調べることができます。

日本取引所グループ　信用取引に関する規制等

https://www.jpx.co.jp/markets/equities/margin-reg/index.html

05 07

追証について

信用取引でレバレッジを効かせた場合、思惑どおり株価が動けば大きな利益を得ることができます。しかし、思惑とは逆に株価が動いた場合、大きな損失が出てしまいます。

このことをよく理解し、十分に注意しなければなりません。

大きな損失が出た場合、「追証」が発生する可能性があります。

追証とは、追加保証金のことです。

含み損が拡大すると、評価損により保証金率が低下します。

保証金率が、最低維持率を下回ってしまうと、証券会社に保証金の追加を求められます。

これが追証です。

最低維持率は、証券会社によって異なります。

主な証券会社の最低維持率は以下のとおりです。

岡三オンライン証券……最低保証金維持率20パーセント
松井証券…………………最低保証金維持率20パーセント
マネックス証券…………最低保証金維持率25パーセント
楽天証券…………………最低保証金維持率20パーセント

かつて、ほとんどの証券会社では最低保証金維持率が25パーセントに設定されていましたが、現在では最低保証金維持率が20パーセントに設定されている証券会社もけっこうあるようです。

この最低維持率を下回ると追証を求められるのですが、その期限も証券会社によって異なります。

岡三オンライン証券……追証発生日の翌々営業日15時まで

松井証券……………維持率が10パーセント以上20パーセント未満の場合は追証発生日の翌々営業日11時30分まで、維持率が10パーセント未満の場合は追証発生日の翌営業日11時30分まで

マネックス証券……維持率が25パーセントを下回った場合は追証発生日の翌々営業日まで、維持率が20パーセントを下回った場合・保証金額が30万円を下回った場合は追証発生日の翌営業日まで

楽天証券……………追証発生日の翌々営業日15時30分まで

では、期限までに追証を払わないとどうなるのでしょうか。

これは、強制決済になります。建玉をすべて決済されるわけです。

そして、決済後、損失があれば、それは借金になります。

リスク管理をしていれば、追証が発生することはほとんどありません。

追証が発生するということはリスク管理ができていないということです。

もし、追証が発生したら、リスク管理を見直すべきでしょう。

第6章

デイトレードにおける1日の流れ

06

01 NYダウの前日比をチェックする

この章では、デイトレードにおける1日の流れを時系列で説明していきましょう。どの時間帯に何をするべきか、しっかりと頭に入れてください。

まず、朝起きて最初にやるべきことは、米国株式市場の値動きをチェックすることです。具体的には、NYダウ（ニューヨーク・ダウ）の終値をチェックします。NYダウとは、「ダウ工業株30種平均」のこと。「S&P ダウ・ジョーンズ・インデックス」が算出する米国の代表的な株価指数です。

これが前日比でどのくらい動いているかをチェックします。
米国株式市場の値動きは、国内の株式市場に大きな影響を与えます。

ＮＹダウが前日比で上昇した……国内株式市場の株価は上昇して始まる確率が高い
ＮＹダウが前日比で下落した……国内株式市場の株価も下落して始まる確率が高い

ＮＹダウの前日比をチェックし、国内株式市場の株価がどのくらい上がりそうなのか、どのくらい下がりそうなのかを見極めます。

ＮＹダウの終値が確定するのは、以下の時間です。

夏時間……日本時間で午前５時
冬時間……日本時間で午前６時

夏時間と冬時間で、終値が確定する時刻が異なるので注意してください。

06

02

CMEの日経平均先物の値をチェックする

次は、「CMEの日経平均先物」の値をチェックします。

CMEとは、「Chicago Mercantile Exchange」の略。シカゴ・マーカンタイル取引所のことです。

この取引所で、日経平均先物が取引されています。この価格をチェックするわけです。

日経平均先物ですから、当然、国内の株式市場の値動きにも反映されます。

CMEの日経平均先物が前日比で上昇した……国内株式市場の株価は上昇して始まる確率が高い

CMEの日経平均先物が前日比で下落した……国内株式市場の株価も下落して始まる確率が高い

この場合の終値とは、どこの価格になるのでしょうか。

日経平均先物は、東京証券取引所の取引が終了した後も株取引されています。「ナイト・セッション」といわれる、夕方から夜間にかけての取引もあります。

私の場合、終値は大阪証券取引所の「日中立会の終値」を基準にしています。東京証券取引所の取引終了時間にもっとも近いからです。東京証券取引所の取引終了時間は15時。大阪証券取引所の日経平均先物取引の終了時間は日中立会で15時15分です。

15分で大きく動く場合もあるのですが、この価格を基準にしています。

「CMEの日経平均先物の価格」と「前日の日経平均先物の終値」を比較して、国内株式市場の株価がどのくらい上昇して始まるか、あるいは下落して始まるかを見極めます。

06

03

為替の動向をチェックする

次に、為替の動向をチェックします。

「米ドル／日本円」のレートです。

為替の値動きは、NYダウほどではありませんが、国内の株式市場に影響を与えます。

一般的には、以下のような影響になります。

円高になる……国内株式市場の株価は下落する確率が高くなる

円安になる……国内株式市場の株価は上昇する確率が高くなる

国内株式市場の寄り付き直前まで、何回かチェックしましょう。15分に1回くらいでいいと思います。

06 04 ニュースをチェックする

次は、ニュース（材料のこと）をチェックします。ニュースは大きく分けると、2つあります。

- **株式市場全体に関わるニュース**
- **個別銘柄のニュース**

株式市場全体に関わるニュースとは、「北朝鮮問題」や「米中貿易摩擦」といった、市場全体の値動きに関わるようなニュースです。

個別銘柄のニュースとは、「決算発表」や「第三者割当増資」といった、個別銘柄の値動きだけに関わるニュースです。

これらをチェックし、相場全体の動きを想定したり、値動きが大きくなりそうな銘柄を見つけます。

05 デイトレードの戦略を立てる

ここまでの段階で、株式市場がどのような動きで始まるかをイメージできるはずです。たとえば、以下のようなイメージです。

- **全体的に大きく下落して始まりそうだ**
- **相場全体は上昇して始まった後に少し下落しそうだ**

初めのうちは難しいかもしれませんが、経験を積めばできるようになります。このイメージを基にして、トレード戦略を立てましょう。たとえば、以下のような戦略です。

- **相場全体が大きく下落して始まりそうなので、寄り付き直後は様子見で**
- **相場全体は上昇して始まった後に少し下落しそうなので、下がり過ぎた銘柄を買おう**

戦略が立てられなければ、無理に立てなくてもよいでしょう。

06

寄り付き前の注文状況をチェックする

8時から板が稼働します。板で、寄り付き前の注文状況をチェックしましょう。とくに、監視銘柄の寄り付きがいくらくらいになりそうか把握しておきます。

ただ、8時ちょうどから見てもあまり意味がありません。

なぜなら、注文が出揃っていないからです。注文が出揃うのは、だいたい、8時4分くらいです。そのため、これ以降に板をチェックしましょう。そして、前日の終値に対して、変動幅の大きそうな銘柄をチェックします。証券コードをメモしておきましょう。

寄り付き前の板チェックは監視銘柄だけでなく、材料が出た銘柄もチェックしましょう。

私の場合、寄り付き前に約150銘柄の板をチェックします。

以前は、300銘柄くらいの板をチェックしていたのですが、この後に紹介する便利なランキングができたので、半分くらいになりました。

06

07

寄り前気配ランキングをチェックする

8時30分になったら、あるランキングをチェックします。

「寄り前気配ランキング」です。

これはその名のとおり、寄り付き前の気配値のランキングです。

寄り前気配／値上がり率ランキング……寄り付き前の気配値が、前日の終値に対して高い銘柄のランキング

寄り前気配／値下がり率ランキング……寄り付き前の気配値が、前日の終値に対して低い銘柄のランキング

これを見れば、寄り付きで大きく動きそうな銘柄が簡単に探せるわけです。

寄り前気配ランキングとは？

寄り前気配 値上がり率ランキング

寄り付き前の気配値が、前日の終値に対して高い銘柄のランキング

	コード	銘柄名	市場	値上り率	寄り前最良買気配		直近終値
1	2515	外国リート	東証	+29.61%	1313	08:28	1013.0
2	6696	トランザクス	東証M	+24.98%	2001	08:31	1601.0
3	1807	佐藤渡辺	東JQS	+21.08%	2579	08:23	2130.0
4	9310	トランシイ	東証１部	+17.15%	601	08:27	513.0
5	6054	リブセンス	東証１部	+15.32%	399	08:32	346.0
6	7905	大建工	東証１部	+14.53%	2412	08:32	2106.0
7	3804	システムディ	東JQS	+14.31%	719	08:25	629.0
8	1622	自動車	東証	+12.89%	24170	08:14	21410.0
9	7889	桑　山	東JQS	+11.91%	789	08:32	705.0
10	8370	紀陽銀行	東証１部	+11.49%	1873	08:31	1680.0
11	9311	アサガミ	東証２部	+11.37%	4995	08:27	4485.0
12	4570	免疫生物	東JQG	+11.32%	954	08:32	857.0
13	5757	CKサンエツ	東証１部	+10.97%	3490	08:30	3145.0
14	3083	シーズメン	東JQS	+10.80%	800	08:31	722.0
15	8600	トモニHD	東証１部	+9.19%	499	08:32	457.0
16	8381	山合銀	東証１部	+8.86%	1007	08:31	925.0
17	3996	サインポスト プレミアム売建可	東証M	+8.82%	3330	08:32	3060.0
18	6200	インソース	東証１部	+8.75%	2784	08:32	2560.0
19	8551	北日銀	東証１部	+8.66%	2810	08:31	2586.0
20	1663	K&Oエナジー	東証１部	+8.45%	1900	08:29	1752.0

寄り前気配 値下がり率ランキング

寄り付き前の気配値が、前日の終値に対して低い銘柄のランキング

	コード	銘柄名	市場	値下り率	寄り前最良売気配		直近終値
1	1435	TATERU プレミアム売建可	東証１部	-24.88%	906	08:32	1206.0
2	1398	SMAMJリート	東証	-22.40%	1386	08:29	1786.0
3	3791	IGポート	東JQS	-22.38%	1387	08:32	1787.0
4	1597	MXS Jリート	東証	-22.31%	1393	08:31	1793.0
5	4389	プロパティD	東証M	-18.75%	2002	08:32	2464.0
6	3172	ティーライフ	東証１部	-16.89%	999	08:32	1202.0
7	4592	サンバイオ プレミアム売建可	東証M	-16.33%	3560	08:32	4255.0
8	3462	ＮＭＦ	東証	-15.68%	130100	08:28	154300.0
9	3739	コムシード	名証C	-14.93%	570	08:32	670.0
10	6532	ベイカレント	東証M	-14.43%	2580	08:32	3015.0
11	6656	インスペック	東証２部	-13.38%	939	08:31	1084.0
12	3228	三栄建築	東証１部	-10.76%	1601	08:32	1794.0
13	5542	報国鉄	東JQS	-10.02%	1302	08:32	1447.0
14	8563	大東銀	東証１部	-9.98%	1118	08:20	1242.0
15	3054	ハイパー	東JQS	-9.71%	521	08:31	577.0
16	3628	データHR	東証M	-9.56%	1381	08:32	1527.0
17	3370	フジタコーポ	東JQS	-9.16%	1002	08:29	1103.0
18	2910	ロックフィール	東証１部	-8.08%	1662	08:32	1808.0
19	3269	ＡＤＲ	東証	-7.87%	260000	08:31	282200.0
20	3319	ＧＤＯ	東証１部	-7.27%	816	08:31	880.0

出所：松井証券（QUICK情報）
注：市場の表記は本書の初版発行時のもの

ランキングの表示方法は以下のとおりです（松井証券の場合）。

①松井証券の口座にログイン
②上部にある「情報検索」をクリックする
③左サイドバーの「ＱＵＩＣＫ情報」をクリックする
④左サイドバーの「ランキング」をクリックする
⑤寄り前気配［「値上がり率（前場）／値下がり率（前場）」］をクリックする

これでランキングが表示されます。
値上がり率と値下がり率の両方をチェックしておきましょう。

06

08 日経平均先物取引の寄り付きをチェックする

8時45分になると、国内の日経平均先物の取引が開始されます。

この寄り付きの価格は必ずチェックしましょう。

ほとんどの場合、102ページで説明した「CMEの日経先物225」の価格とさほど変わりがありません。

しかし、なんらかのニュースが出て、大きく変わることもあります。まれに、CMEの日経先物225は前日比プラスなのに、国内の日経平均先物は前日比マイナスということもあります。もちろん、この逆もあるわけです。

このように変動することもありますので、必ずチェックしてください。

チェックした後、もう一度、トレード戦略を考えます。

そして、株式市場の寄り付き直前まで、頻繁にチェックしましょう。

06

09 寄り付き直前に注文を出しておく

監視銘柄の気配値、寄り付き前の気配値のランキング、日経平均先物の値は、一度だけではなく、寄り付きまで何度となくチェックしましょう。

とくに、監視銘柄の気配値は頻繁にチェックしてください。時間の経過とともに、気配値がどんどん変わるからです。

これらの情報を考慮して、寄り付き直前、必要に応じて注文を出しておきましょう。

本書で紹介する手法では寄り付きでトレードすることはありませんが、手法によっては寄り付きでトレードすることがあります。気配値をよく見て、注文を出しましょう。

私の場合、8時58分までにはすべての注文を出すようにしています。

そこから9時までの間は、指値の調整をするだけです。

06

10

デイトレードの収入が大きく変わる取引時間中の「3つの作業」

株式市場の取引が始まったら、主に以下の3つの作業をします。

①騰落率ランキングを見て値動きのよい銘柄を探す
②監視銘柄の板を見て、大きな値動きがないかどうかチェックする
③監視銘柄の5分足チャートを見て、トレードのタイミングがないかチェックする

これらの作業は、株式市場の取引が終了するまで継続して行います。

この3つの作業でデイトレードの収入が大きく変わってきます。それほど重要な作業です。

この作業の間に、日経平均株価の値動き、為替、市況ニュースなどをチェックします。

06

11

寄り付きからの30分間でその日の収入が決まる

1日の中でもっとも株価の変動が大きい時間帯は、9時から9時30分までの30分間です。

この時間帯は大きく動く銘柄がたくさんあります。

デイトレーダーにとっては、とても重要な時間帯です。

この時間帯の損益で、その日の収入が決まる、といってもよいでしょう。

そのため、私はよほどのことがないかぎり、この時間帯にパソコンの前から離れることはありません。

ひたすら、ランキング、チャート、板を見ていい銘柄を探し、トレードを繰り返します。

この時間帯に大きく稼ぐことができれば、その後の時間はそれほど無理をすることはありません。

リスクが高そうな銘柄・タイミングは避けて、リスクが低そうな銘柄・タイミングだけにしぼってトレードをします。ガツガツ稼がなくてもよいわけです。

逆に、この時間帯にあまり稼ぐことができなければ、その後の時間は少し無理をすることになります。

この時間帯以外で株価が大きく動く銘柄はかぎられているので、それに期待するしかありません。

デイトレードで大きく稼ぎたいのであれば、この時間帯に大きく稼げるスキルを身につけることです。

06

12 最初の1、2回のトレードが大切

私は、株式市場の取引が始まってから（寄り付きから）、最初の1、2回のトレードを大切にしています。

この1、2回のトレードでしっかりと利益を出すと、後が楽だからです。

最初の1、2回のトレードで利益が出た場合、その分の利益を使って、前場のどこかで大きな勝負をします。利益分を勝負の種銭にするわけです。

たとえ、その勝負に負けたとしても、収支がマイナスになってしまう確率は低いです。

もし、その勝負に勝てたとしたら、その日は大きな利益を手にすることができます。

具体的にどのような勝負をするかというと、上手くいけば大きな利益が出そうなタイミングでトレードします。

含み益が出たら、利益を伸ばすようにします。利食いしたいところですが、そこを我慢して利益が大きく伸びることを期待します。

大きな利益を狙うので、リスクもやや大きく取ります。1、2回のトレードで出た利益分とほぼ同じくらいの金額のリスクを取ります。

もし、そのトレードに負けたとしても、利益分がなくなるだけ。収支はマイナスにならないわけです。

勝負といっても、どんな銘柄、どんなタイミングでも勝負するというわけではありません。

それなりに、大きな利益が出そうな銘柄、大きな利益が出そうなタイミングをよく見極めてトレードします。

06

13 取引時間中は日経平均株価の動きを頻繁に見る

取引時間中は日経平均株価の動きを頻繁に見るようにしましょう。
日経平均株価の動きはとても重要です。
なぜなら、個別銘柄の多くは、日経平均株価に連動するからです。

日経平均株価が上昇する……個別銘柄の株価も上昇する確率が高く、下落する確率は低い
日経平均株価が下落する……個別銘柄の株価も下落する確率が高く、上昇する確率は低い

日経平均株価の動きとまったく同じ動きをする銘柄は少ないのですが、それでも同じような動きをする銘柄が多いです。
これは、東証1部上場の銘柄にかぎったことではなく、新興市場の銘柄にも当てはまります。

また、日経平均株価の価格だけではなく、5分足チャートも見るようにしましょう。日経平均株価の5分足チャートを見るときは、以下のことを見極めます。

- **前日比でプラスか、マイナスか？**
- **5分足で上昇傾向か、下落傾向か？**
- **価格が移動平均線の上にあるのか、下にあるのか？**
- **移動平均線は上向きか、下向きか？**
- **5本移動平均線と12本移動平均線の位置関係は？**
- **価格は移動平均線の近くにあるのか、離れているのか？**

以上のようなことを把握します。

06

14

日経平均株価の動きによってトレードを変える

日経平均株価の動きを考慮して、トレードスタイルを変えたり、ポジションサイズを変えたりします。

たとえば、以下のようにします。

・トレードスタイル、トレード戦略について

日経平均株価が上昇している……買い中心のトレードスタイルにする。ブレイク手法や押し目買いの手法でタイミングを探す。カラ売りは控える

日経平均株価が下落している……カラ売り中心のトレードスタイルにする。ブレイク手法や戻り売りの手法でタイミングを探す。買いは控える

・ポジションサイズについて

日経平均株価が大きく上昇している……買いの場合はポジションサイズを大きくする（株数を増やす）

日経平均株価が大きく下落している……買いの場合はポジションサイズを小さくする（株数を減らす）

・リターンやリスクについて

日経平均株価が大きく上昇している……買いの場合はなるべく利食いを遅くして、利益を伸ばすようにする

日経平均株価が大きく下落している……買いの場合は早めに利食いする。ロスカットも早めにする

これはごく一部の例です。

このあたりは、経験を積んで自分なりのトレードを確立してください。

06

15

前場の収支によって後場のトレード戦略を決める

前場が終わるのは11時30分です。

この時点で、日経平均株価と日経平均先物の価格をメモしておきましょう。日経平均株価は後場が始まった直後の値と比較します。日経平均先物の価格は後場が始まる前に比較します。

これについては、126ページで詳しく説明するので、そちらを読んでください。

前場が終了した時点で、前場の収支を計算しておきましょう。

あまり細かく計算する必要はありません。大雑把でいいと思います。

私の場合は、前場の収支によって後場のトレード戦略を決めます。

・前場で大きな利益が上がっている場合
後場は無理をしません。リスクの低い銘柄、リスクの低いタイミングだけを選んでトレードします。

・前場の利益が少ない場合
後場は積極的にトレードをします。リスクが高くない銘柄、リスクが高くないタイミングを選んでトレードします。

・前場で少し損失が出た場合
後場は積極的にトレードをします。リスクが少し高い銘柄、リスクが少し高いタイミングでもトレードします。選り好みしてはいられないわけです。

・前場で大きな損失が出た場合
後場は損失額の半分だけを取り戻すトレードをします。

金額が大きい場合は3分の1程度を目標にします。

損失額を一気に取り戻そうとすると、どうしても無理なトレードをしてしまい、かえって損失額を拡大させてしまう恐れがあります。そのため、損失額の半分や3分の1程度を目標にするわけです。

その目標が達成できたら、後は、リスクの低い銘柄、リスクの低いタイミングだけを選んでトレードします。

初めのうちはリスクの度合いがわからないので、戦略を立ててもあまり意味がありませんが、経験を積んでトレードに慣れてきたら、戦略を立てて後場に挑みましょう。

06 16 後場直前の作業

後場の取引は12時30分からです。

この時間までは昼休み。昼食を摂ります。私の場合、11時45分くらいから食べ始め、12時までには済ませます。

そして、後場のトレードの準備をします。

後場の取引が始まる直前の作業は、前場が始まる前の作業とほぼ同じです。

概ね、以下のとおりです。

①日経平均先物の価格をチェックする

②為替をチェックする

③市況ニュースや個別銘柄の材料をチェックする

④板で個別銘柄の気配値をチェックする

⑤寄り前気配［値上り率（後場）／値下り率（後場）］をチェックする

株式の取引は12時30分まで休みですが、日経平均先物はその間も取引が行われています。そのため、前場終了時の価格から後場の開始直前までにどのくらい動いたかをチェックします。

ほとんどの場合、前場終了時の価格と後場開始直前の価格の差は数十円です。この場合、後場の取引開始直後に大きく動く銘柄は少ないといえます。

しかし、年に何日かは、前場終了時の価格と後場開始直前の価格の差が１００円以上になることがあります。

この場合、後場の取引開始直後は大きく動く銘柄が多いでしょう。

下落したところでどのような立ち回りをするか決めておきます。

06

17

後場も３つの作業を繰り返す

後場のトレードでやることは、基本的に前場と同じです。

①騰落率ランキングを見て値動きのよい銘柄を探す
②監視銘柄の板を見て、大きな値動きがないかどうかチェックする
③監視銘柄の５分足チャートを見て、トレードのタイミングがないかチェックする

この作業をひたすら繰り返します。

後場になって突然動き出す銘柄もあるので、気を抜かずにこの３つの作業を繰り返しましょう。

06

18 トレードは大引け間際までやるべきなのか

東京証券取引所の取引終了時間（大引け）は15時です。

大引けまでデイトレードは行ったほうがよいのでしょうか。

これはトレーダーによって考え方が違うと思いますが、私の場合は大引け間際までデイトレードをすることはほとんどありません。

以前は、14時59分くらいまでデイトレードをしていました。

しかし、最近は14時50分くらいにデイトレードを終了します。それ以降の時間は、よほどいいタイミングがないかぎり、デイトレードのポジションを持つことはありません。

これには理由があります。

大引けにスイングトレードやオーバーナイトトレード（1泊2日の持ち越しで利益を狙

うトレード）のポジションを作る（新規に持つ）からです。

私は、デイトレードだけでなく、スイングトレードやオーバーナイトトレードもしています。このポジションを作るのが、大引けなのです。

そのため、銘柄選択などで大引け間際に時間が必要になります。

こういったことから、14時50分でデイトレードを終了し、これ以降から大引けまでの時間は、スイングトレードやオーバーナイトトレードのための時間に充てています。

読者の方は、大引け間際までデイトレードをやってもかまいません。やる、やらないは各自の自由です。

06

19

その日のトレードを振り返る

大引け後、その日のトレードを振り返りましょう。

ネット証券の取引履歴を見れば、約定した時間と約定した株価がわかるはずです。それを基にトレードを振り返ります。

チャートを使ってトレードをしている方は、チャートも用意してください。

損失が出たトレードは、何がいけなかったのか、原因を探りましょう。

- **ロスカットしなかった（ロスカットについては１７７ページで説明します）。**
- **チャートを見なかった。**

といったように、それぞれの原因を特定します。

この作業はとても重要です。

損失が出たトレードというのは、とても良い教材です。原因がわかれば、今後、そのようなトレードをやめるだけで、自然と勝てるようになるわけです。


ただ注意しておきたいことが1つあります。

それは、あまり深く考えないということです。

損失が出た原因がわからないトレードというのも多いからです。いいトレードをしても、損失が出てしまうことはあります。そのため、深く考えても、無意味なのです。

明らかに原因がわかるトレードだけでよいでしょう。


私自身も、大引け後に自分のトレードを振り返りました。そして、自分のトレードを見直してきました。

この作業をする方は、勝ち組になれる確率が高いと思います。

読者の方には、ぜひ、やっていただきたい作業です。

06

20 その日のトレードを振り返ったらノートにまとめておく

その日の収支を計算したり、その日のトレードを振り返ったら、以下のことをノートにまとめておくとよいでしょう。

- **収支**
- **トレードした銘柄（証券コード）**
- **損失が出た原因**
- **今後の改善点**
- **その他、気づいたこと**

「ノートにまとめるなんて面倒だ」と思った方もいることでしょう。

たしかに、いちいちノートに書くのは面倒です。

しかし、この作業を怠ってはいけません。

なぜなら、この作業をすることで「利益を出せるデイトレーダー」になれる確率がグッと上がるからです。


私自身も初めのうちは面倒だと思い、ノートにつけていませんでした。

そのため、何度となく同じミスを繰り返していました。

せっかくよいことに気づいても、意外とすぐに忘れてしまうものです。これでは、時間をかけて自分のトレードを振り返っても、それが無駄になってしまいます。

損失が出たトレードを無駄にしないためにも、また自分が大引け後に時間を割いて行った作業を無駄にしないためにも、ノートにまとめておくべきです。


もちろん、ノートにまとめるだけでは意味がありません。

何度となく読み返しましょう。

できれば、週に1回は読み返すこと。

読み返すことで改善点や気づきがもう一度頭に入るし、また、新たな気づきもあります。

こういった積み重ねが、デイトレードの上達に繋がるわけです。


まとめたノートは、自分だけの教材です。

それも、実践で得たことから作り上げた教材なので、とても貴重なものです。

フルに活かしましょう。


私自身、儲けられるようになった今でも、気づいたことがあればノートにまとめています。

良い習慣なので今後も続けていきます。

06

21 5分足チャートを何度となく見る

大引け後に時間があれば、トレードした銘柄や値動きの大きかった銘柄の5分足チャートを見ましょう。

そして、できれば5分足チャートをプリントアウトするか、画像として保存しておきましょう。

それを何度となく見ます。

私はデイトレードを始めた頃、プリントアウトした5分足チャートを何度となく見ました。それで、デイトレードが上達しました。

5分足チャートを何度となく見ると、値動きのリズムをつかめるようになります。

株価が高値をつけて下落するタイミング、安値をつけて上昇するタイミング、押し目をつけて反転するタイミングなどが、なんとなくですがわかるようになります。

つまり、プリントアウトしたチャートや保存した画像を、デイトレードの教材として使うわけです。

プリントアウトした紙や保存した画像をいくら集めてもデイトレードは上達しません。教材として何度となく見ることで、デイトレードが上達するわけです。

本書を読んでいる方には、ぜひ、このトレーニングを実践していただきたいと思います。

第7章

ボリンジャーバンドを使った買い手法

07

01 初心者でも入りやすい押し目を狙った買い手法

この章では、デイトレードの手法を紹介します。

狙っていく銘柄は、大きく上昇している銘柄、または急騰している銘柄です。

こういった銘柄に飛び乗るという手法もあるのですが、これから紹介するのは、大きく上昇、または急騰した後に押し目をつけ、そこから再び上昇していく兆しが見えたところで飛び乗るという手法です。

急騰しているところに飛び乗るよりもリスクが小さく、また、初心者でも入りやすいタイミングです。

値動きの大きさの確認には、52ページで紹介したボリンジャーバンドを使います。

株価が「＋2σ」を大きく上抜ければ、「大きく上昇している」、または「急騰している」

と判断していいでしょう。

押し目はあまり深くないほうがいいです。

目安には、12本移動平均線を使います。12本移動平均線を割り込むことなく反発したとき、を条件にします。

具体的な買いのタイミングは、5分足の終値が「＋1σ」を上抜けてからです。

ここまでの流れを整理しておきましょう。

①株価が「＋2σ」を大きく上抜ける

↓

②押し目をつける

↓

③終値が12本移動平均線を割り込むことなく反発

↓

④5分足の終値が「＋1σ」を上抜ける

07

02

まとめ

デイトレードの買い条件

では、ボリンジャーバンドを使ったデイトレードの買い条件についてまとめます。

条件1……株価がボリンジャーバンドの「＋2σ」を上抜ける
条件2……株価が下落して「＋1σ」を割り込む
条件3……終値が12本移動平均線を割ることなく反発する
条件4……5分足の終値が「＋1σ」を上抜ける

この条件をすべてクリアしたら、次のローソク足の始値あたりで株を買います。
初心者の方には少し難しいかもしれませんが、慣れてくれば、チャートを一瞬見ただけで判断できるようになります。

デイトレードの買い条件

条件 1
株価がボリンジャーバンドの「+2σ」を上抜ける

▼

条件 2
株価が下落して「+1σ」を割り込む

▼

条件 3
終値が12本移動平均線を割ることなく反発する

▼

条件 4
5分足の終値が「+1σ」を上抜ける

▼

条件をすべてクリアしたら、
次のローソク足の始値あたりで株を買います

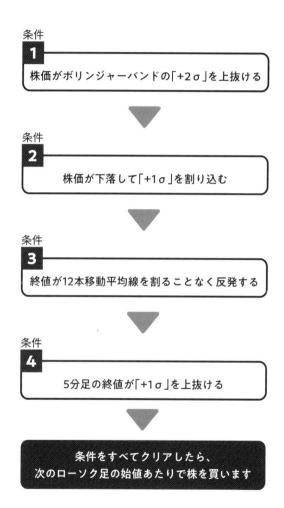

07

03 SDSホールディングス（東証スタンダード1711）

では、ボリンジャーバンドを使ったデイトレードの買い条件について、実例を使って説明します。次ページのチャートは、SDSホールディングス（東証スタンダード1711）の5分足チャートです。

条件1……Aのところを見てください。株価が「＋2σ」を上抜けました
条件2……Bのところで、株価が下落して「＋1σ」を割り込みました
条件3……Cのところで、終値が12本移動平均線を割ることなく反発しました
条件4……Dのところで、5分足の終値が「＋1σ」を上抜けました

これですべての条件をクリアしました。次のローソク足の始値あたりで買います。

買値……346円

株を買った後、株価は急騰し、407円の高値をつけました。

省電舎ホールディングス

SDSホールディングス（東証スタンダード1711）5分足チャート

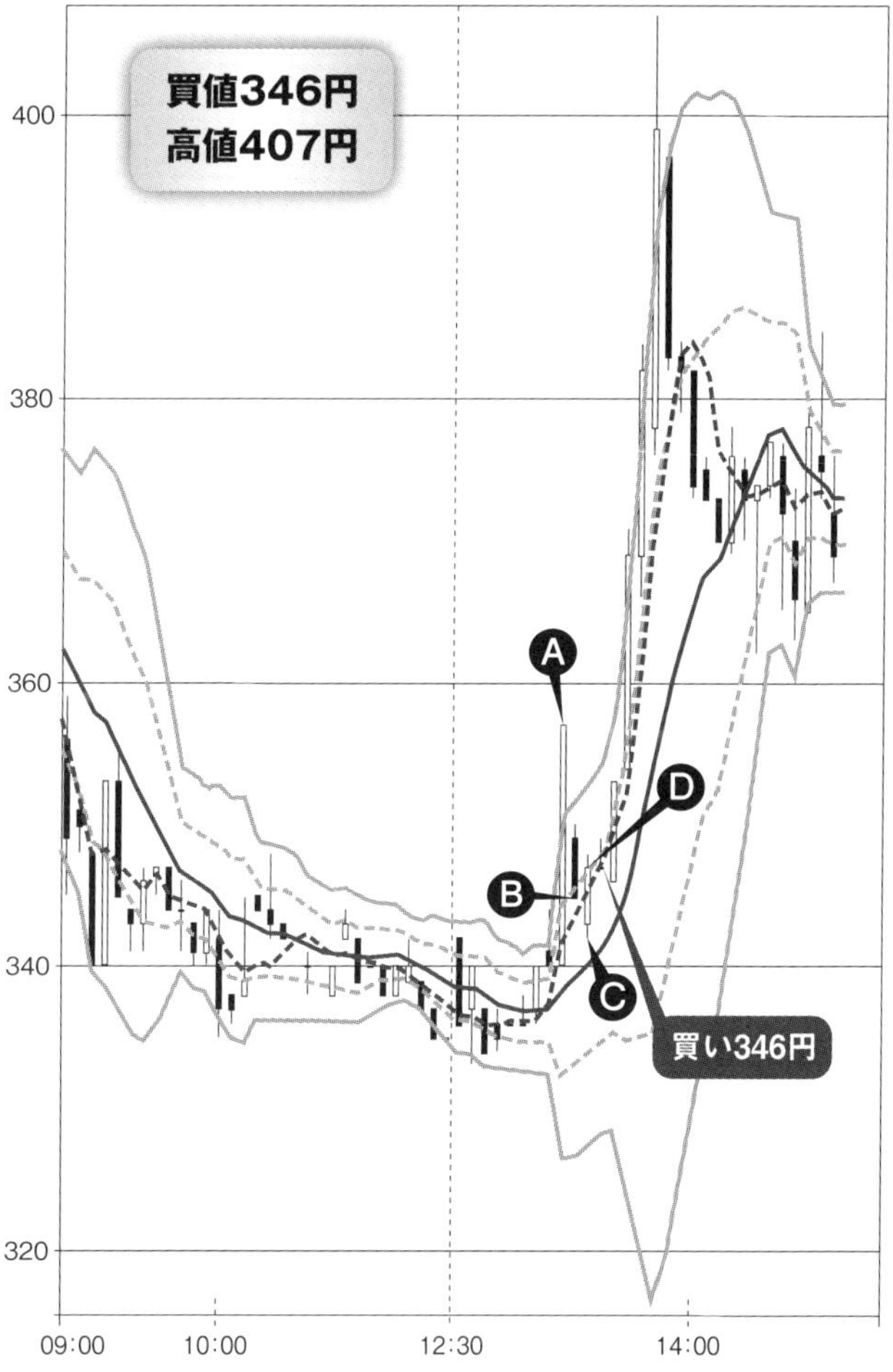

07

04 アンジェス（東証グロース4563）

次ページのチャートは、アンジェス（東証グロース4563）の5分足チャートです。

条件1……Aのところを見てください。株価が「＋2σ」を上抜けました
条件2……Bのところで、株価が下落して「＋1σ」を割り込みました
条件3……Cのところで、終値が12本移動平均線を割ることなく反発しました
条件4……Dのところで、5分足の終値が「＋1σ」を上抜けました

これですべての条件をクリアしました。
次のローソク足の始値あたりで買います。

買値……349円

株を買ったローソク足で、364円まで上昇しました。
この高値までに利食いしましょう。急騰したら利食いが鉄則です。

アンジェス

アンジェス(東証グロース4563) 5分足チャート

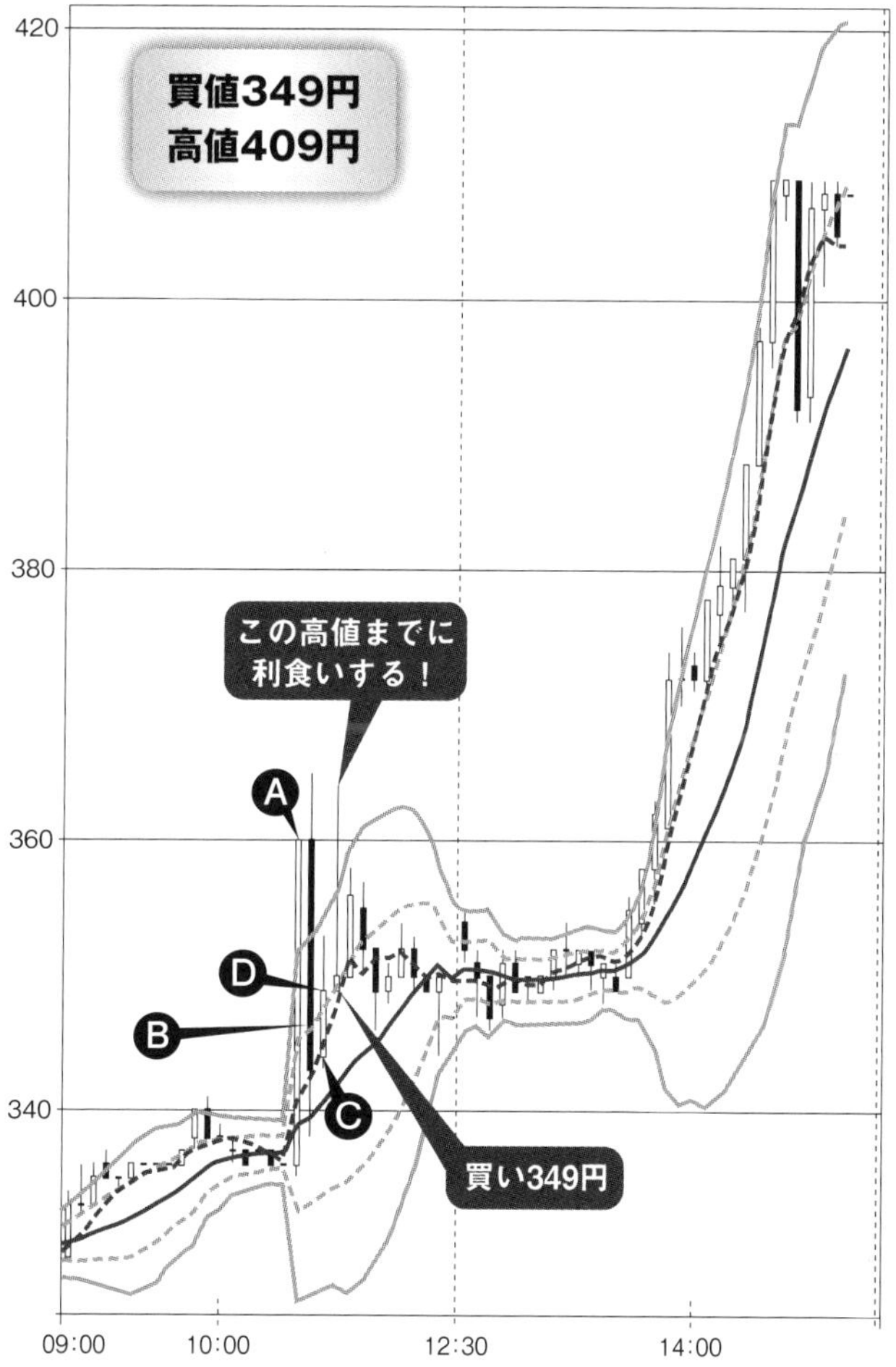

05 INEST（東証スタンダード3390）

次ページのチャートは、INEST（東証スタンダード3390）の5分足チャートです。

条件1……Aのところを見てください。株価が「+2σ」を上抜けました
条件2……Bのところで、株価が下落して「+1σ」を割り込みました
条件3……Cのところで、終値が12本移動平均線を割り込むことなく反発しました
条件4……Dのところで、5分足の終値が「+1σ」を上抜けました

これですべての条件をクリアしました。次のローソク足の始値あたりで買います。

買値……93円

株を買った直後に急騰。後場はさらに上昇して、113円の高値をつけました。しかし、実際のトレードでは、Eのあたりで利食いしておくべきです。

INEST

INEST(東証スタンダード3390) 5分足チャート

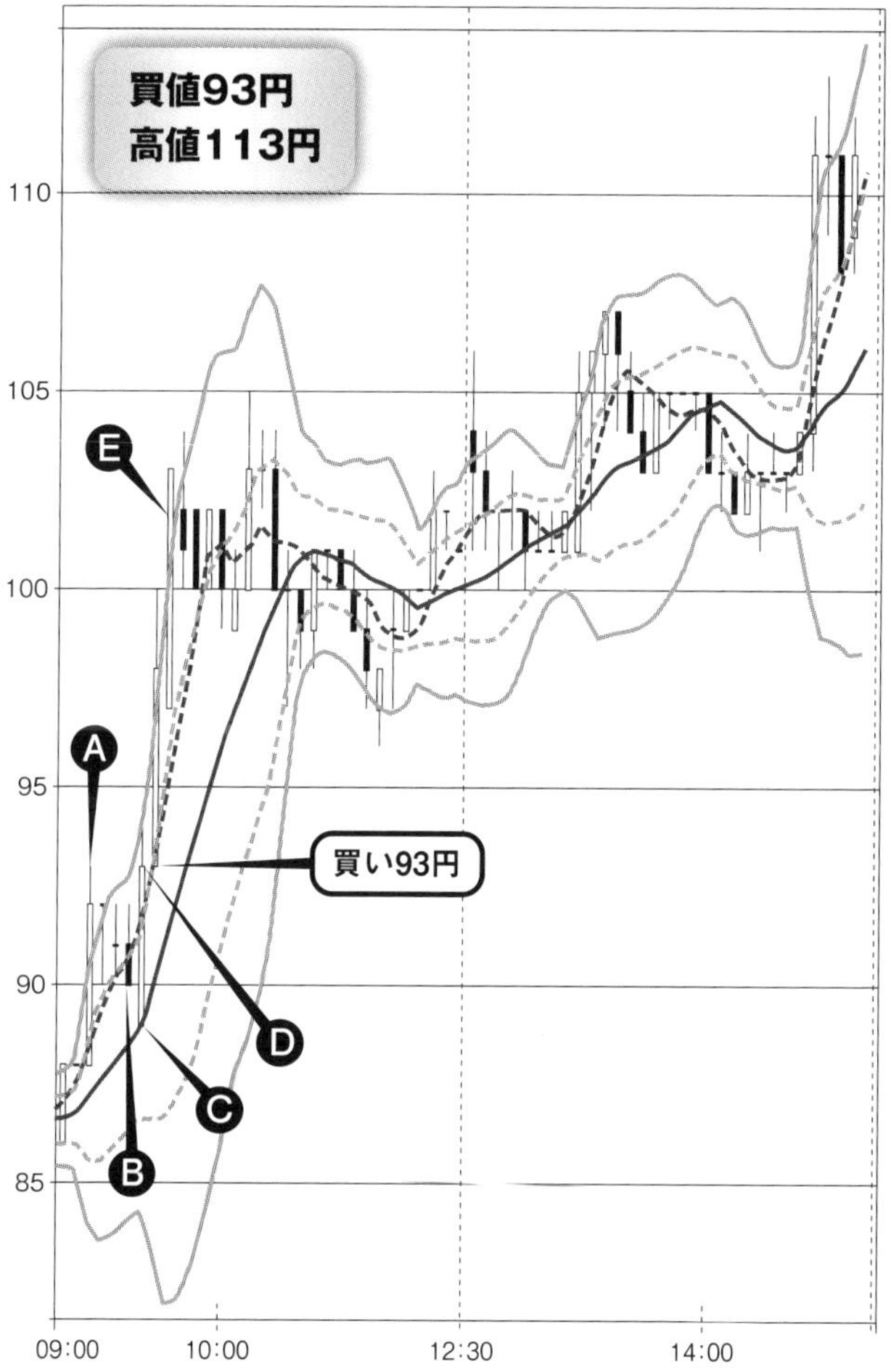

07

06 NFKホールディングス（東証スタンダード6494）

次ページのチャートは、NFKホールディングス（東証スタンダード6494）の5分足チャートです。

条件1……Aのところを見てください。株価が「＋2σ」を上抜けました
条件2……Bのところで、株価が下落して「＋1σ」を割り込みました
条件3……Cのところで、終値が12本移動平均線を割り込むことなく反発しました
条件4……Dのところで、5分足の終値が「＋1σ」を上抜けました

これですべての条件をクリアしました。次のローソク足の始値あたりで買います。

買値……144円

買った後に159円まで上昇。買う直前の値動きはパッとしませんが、日足チャートの動きから「勝算あり」と思っていました。これについては、218ページで解説します。

NFKホールディングス

NFKホールディングス（東証スタンダード6494）5分足チャート

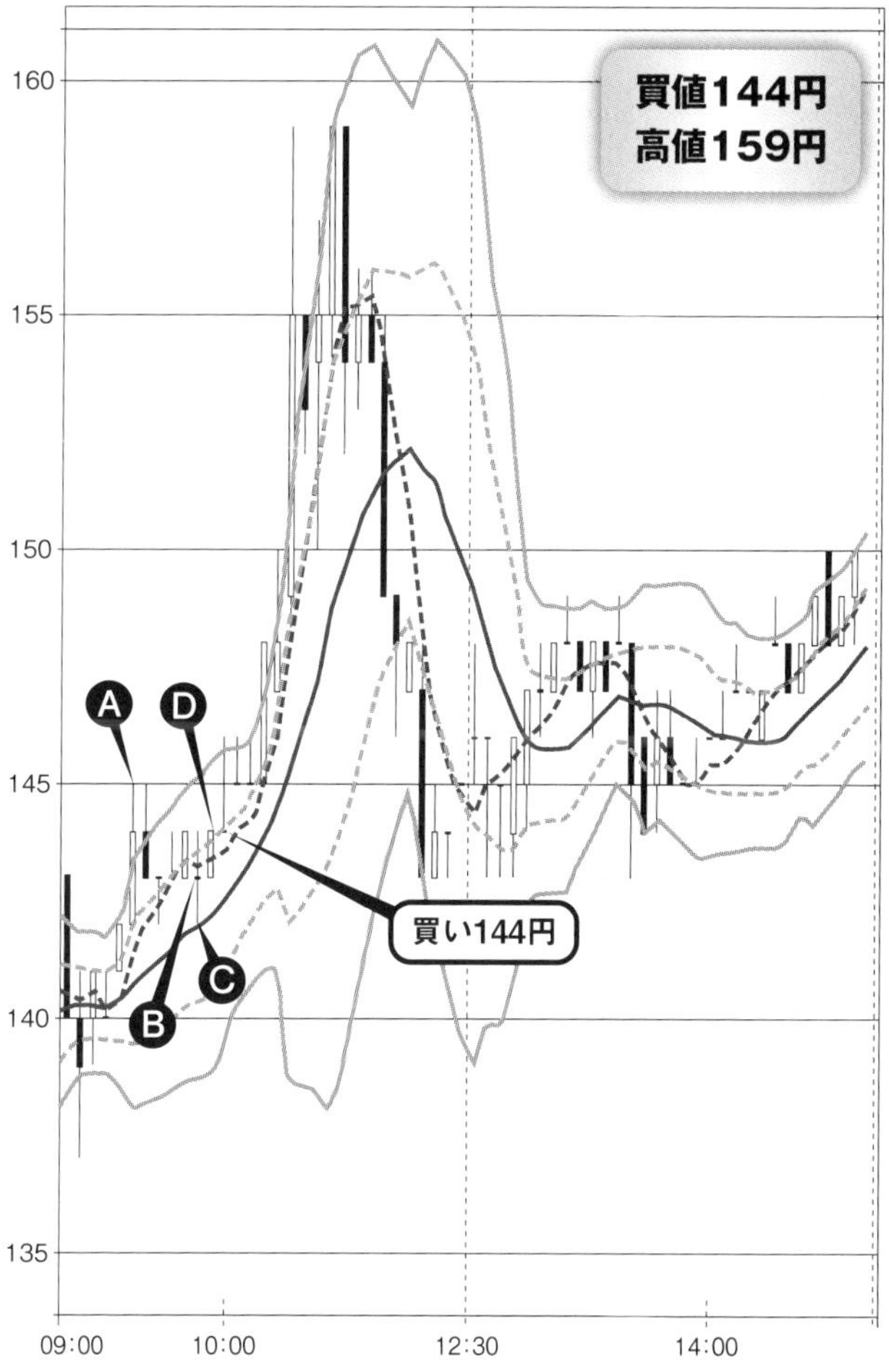

07 反発が大きい場合は急落する確率が高くなるので見送る

条件をクリアすればすべて買ってもかまわない、というわけではありません。場合によっては見送ります。

その1つが、「反発が大きい場合」です。反発が大きい場合、急落する確率が高くなります。

大きく反発したことで、株を持っていた人が利食いの売り注文を出してきます。また、高値警戒感から新規の買い注文が少なくなります。こういったことから下がりやすくなるわけです。

これをきっかけに、下落傾向になる可能性もあります。また、上昇していくとしても、いったん、少し下落する可能性が高いです。

いずれにしても、見送ったほうがよいでしょう。

反発が大きいとリスクが大きくなる

SDSホールディングス(東証スタンダード1711) 5分足チャート

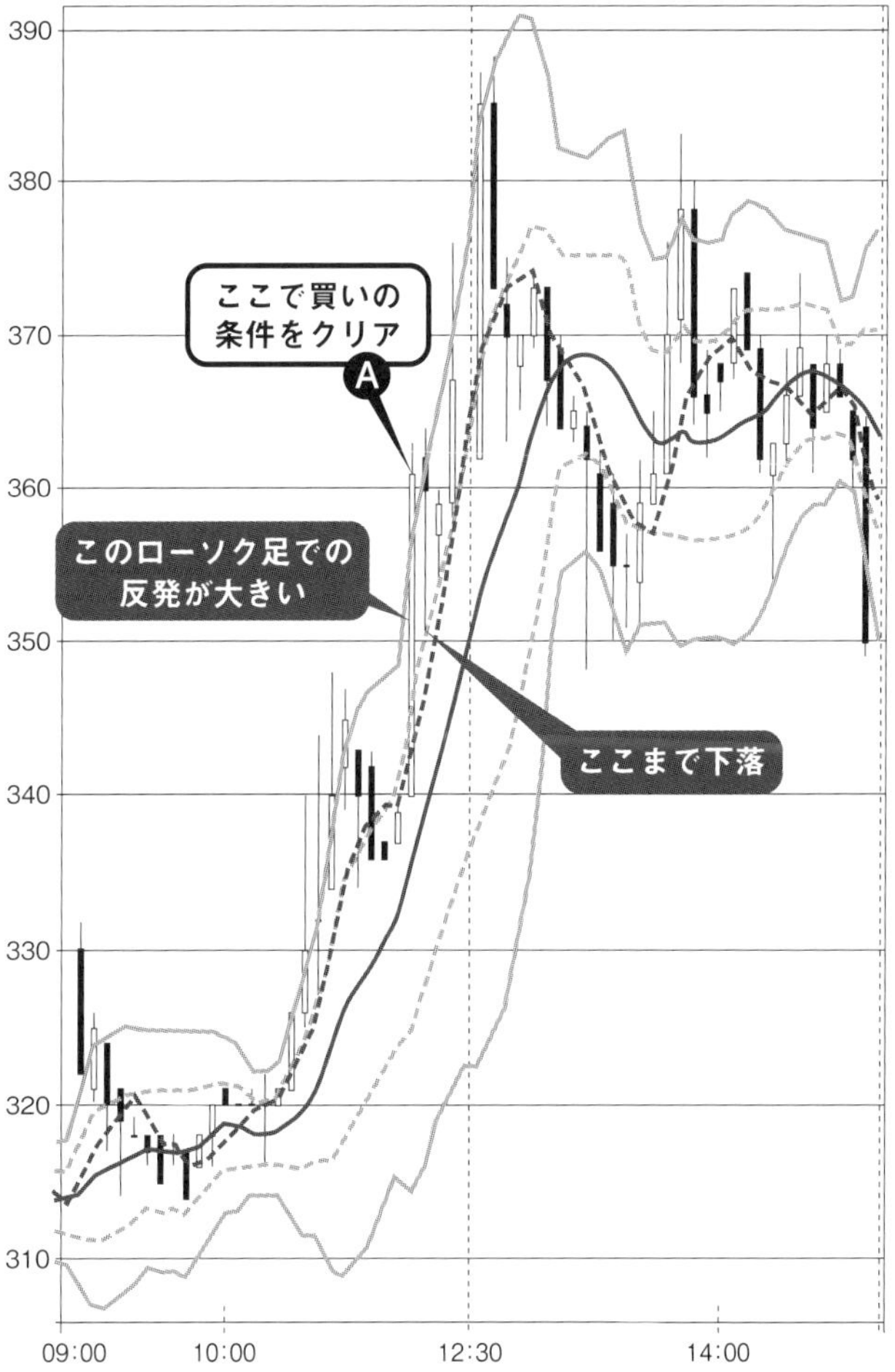

反発が大きいかどうかは、ローソク足の形を見ればわかります。

実体部分（始値から終値までの部分）の長い陽線が出たら、株価の反発が大きいといえます。「条件4」をクリアするローソク足が実体部分の長い陽線だった場合、買いを見送ればよいわけです。

1つ実例をあげておきます。151ページのチャートは、省電舎ホールディングスの5分足チャートです。

Aのところで、条件はすべてクリアしました。本来であれば、次のローソク足の始値あたりで買います。しかし、「条件4」をクリアしたローソク足が、実体部分の長い陽線になっています。始値から終値までの値幅は22円もあります。「株価の上昇に勢いがある」ということはわかるのですが、反動でいったんは下落しそうです。

次のローソク足の始値は362円。ここから354円まで値下がりしています。8円値下がりしたわけです。この価格帯の銘柄で8円の値下がりは大きいといえます。条件をクリアした時点で買っていれば、ロスカットしていたことでしょう。

株価が押した後、大きく上昇しましたが、こういったことはよくあることなので、諦めるしかありません。

07 08 ボリンジャーバンドが大きく開いていない場合は買わない

ボリンジャーバンドの開きが大きいほど、「＋2σ」を上抜けた後に大きく上昇したということであり、多くの投資家・トレーダーが注目します。

再び上昇の気配を見せれば、注目されているわけですから買い注文が多く入ってきます。だから、株価が値上がりするわけです。

開いていないということは、ほとんどの投資家・トレーダーが注目していないということです。

このような状況で買っても、上がるかどうかわからないわけです。

「条件1」については、ボリンジャーバンドが大きく開いているかどうかをチェックしましょう。

07

09

FRONTEO（東証グロース2158）

それでは演習問題に入ります。手法をしっかりマスターしましょう。

次ページのチャートは、ＦＲＯＮＴＥＯ（東証グロース２１５８）の5分足チャートです。

この章で紹介している「ボリンジャーバンドを使った買い手法」で株を買うタイミングはどこでしょうか。１ヵ所答えてください。

ヒント

チャートを左端から見ていき、高値と安値に注目しましょう。

「＋２σ」を上抜けた後、押し目をつけてから「＋１σ」を上抜けしたところを探します。後場に１ヵ所あります。

FRONTEO

FRONTEO(東証グロース2158) 5分足チャート

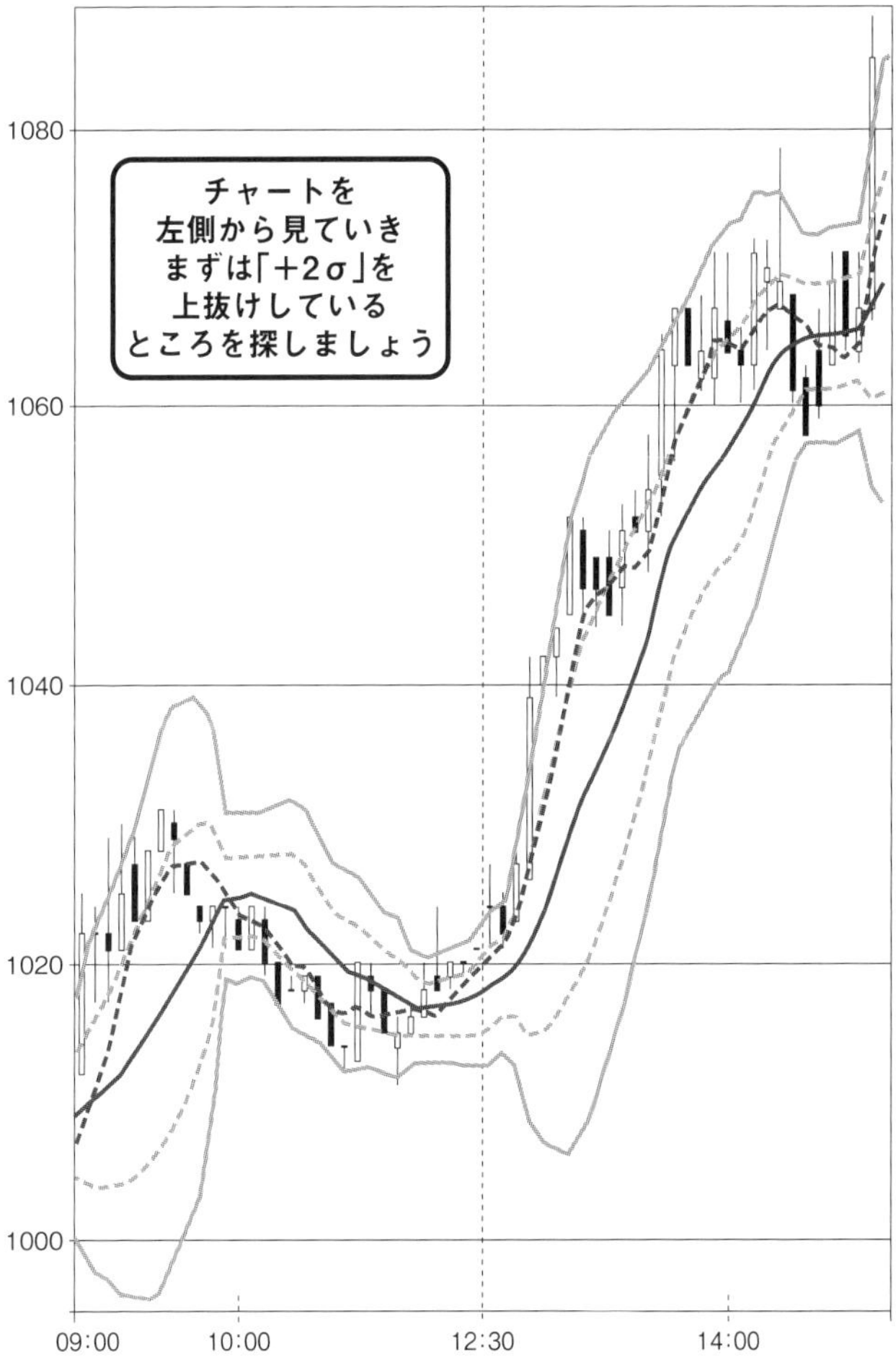

解答

Eのところ

解説

株価はAのところで「＋2σ」を上抜けしていますが、ここでは買いの条件をクリアしませんでした。

後場になってから、Bのところで「＋2σ」を上抜けしました。Cのところで押した後、12本移動平均線を割り込むことなく、Dのところで「＋1σ」を上抜けしました。

条件をすべてクリアしたので、Eのところで買います。買値は1051円。

買った後、3円ほど下がりましたが、そこから上昇して大引け間際に1088円の高値をつけました。

FRONTEO

FRONTEO（東証グロース2158）5分足チャート

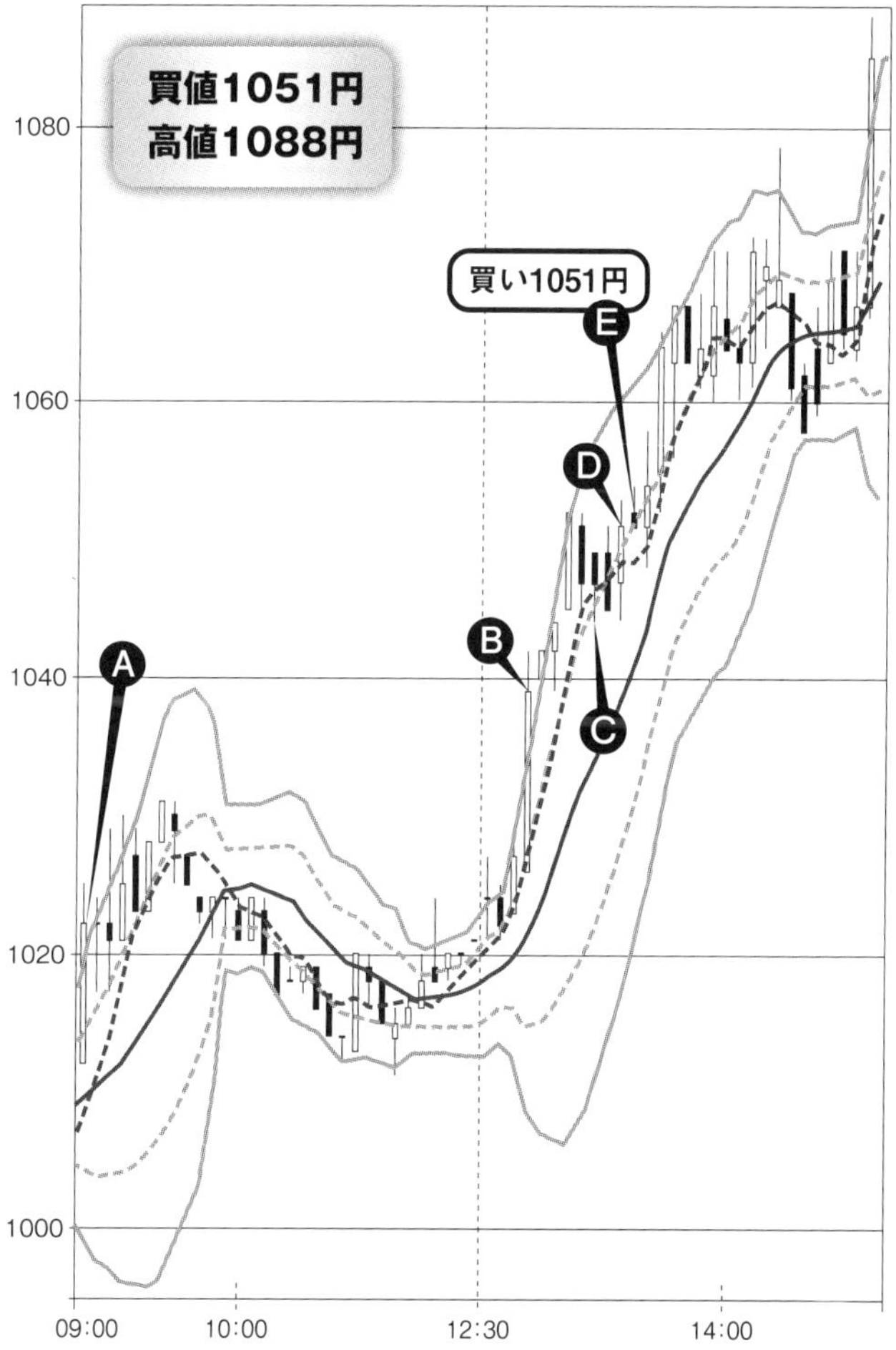

07

10 ベクター（東証スタンダード2656）

次ページのチャートは、ベクター（東証スタンダード2656）の5分足チャートです。この章で紹介している「ボリンジャーバンドを使った買い手法」で株を買うタイミングはどこでしょうか。

1ヵ所答えてください。

ヒント

チャートを左端から見ていき、高値と安値に注目しましょう。

「+2σ」を上抜けた後、押し目をつけてから「+1σ」を上抜けしたところを探します。

前場の早い時間に1ヵ所あります。

ベクター

ベクター(東証スタンダード2656)の5分足チャート

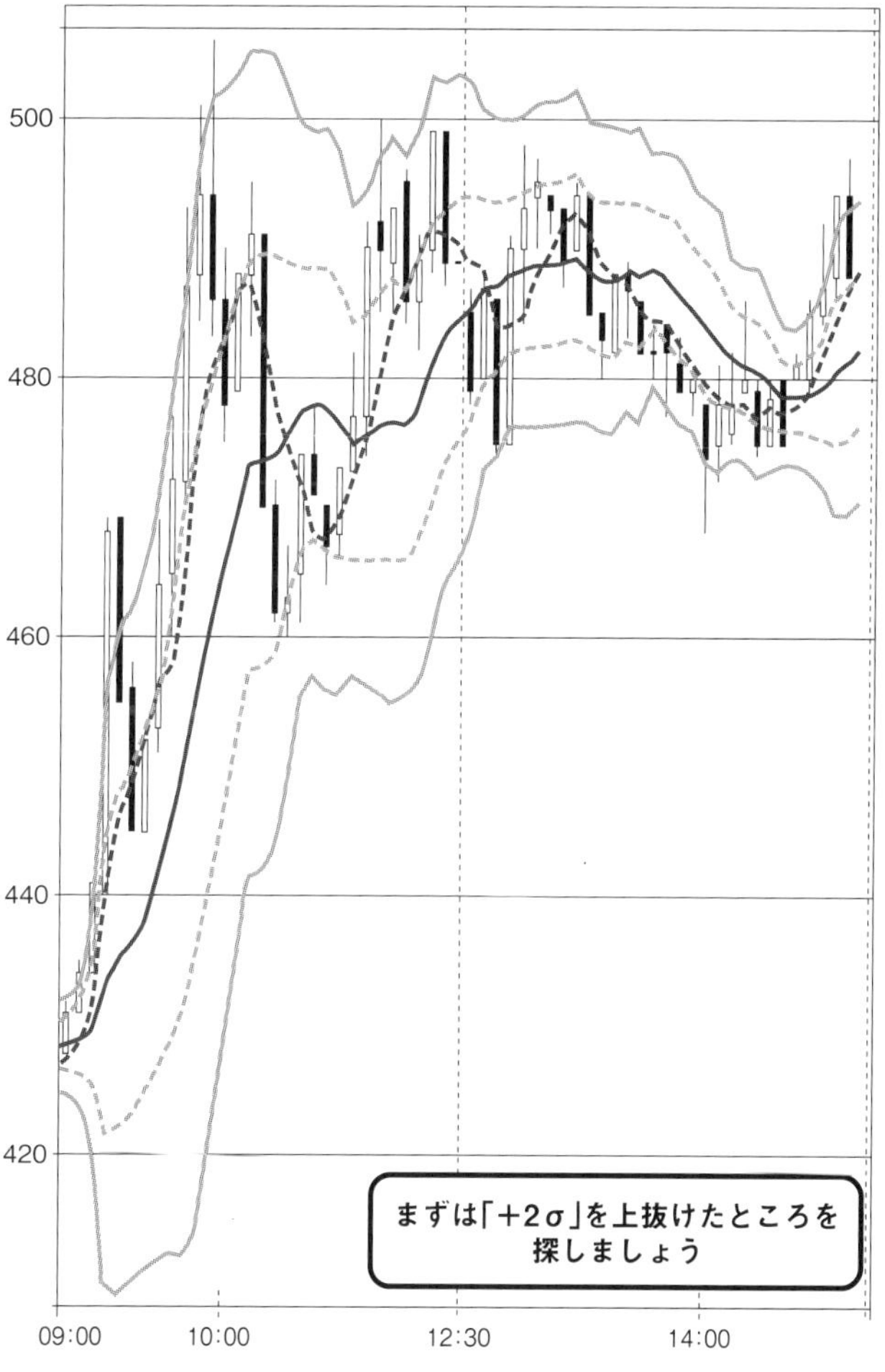

解答

Eのところ

解説

株価はAのところで「＋2σ」を上抜けしました。

Bのところで「＋1σ」を割り込んで「条件2」をクリア。

Cのところで、終値が12本移動平均線を終わることなく反発しました。これで、「条件3」をクリア。

Dのところで、終値が「＋1σ」を上抜けしました。

すべての条件をクリアしたので、Eのところで買います。

買値……465円

株を買った後、5円ほど下がりましたが、そこから上昇して506円の高値をつけました。

ベクター

ベクター（東証スタンダード2656）の5分足チャート

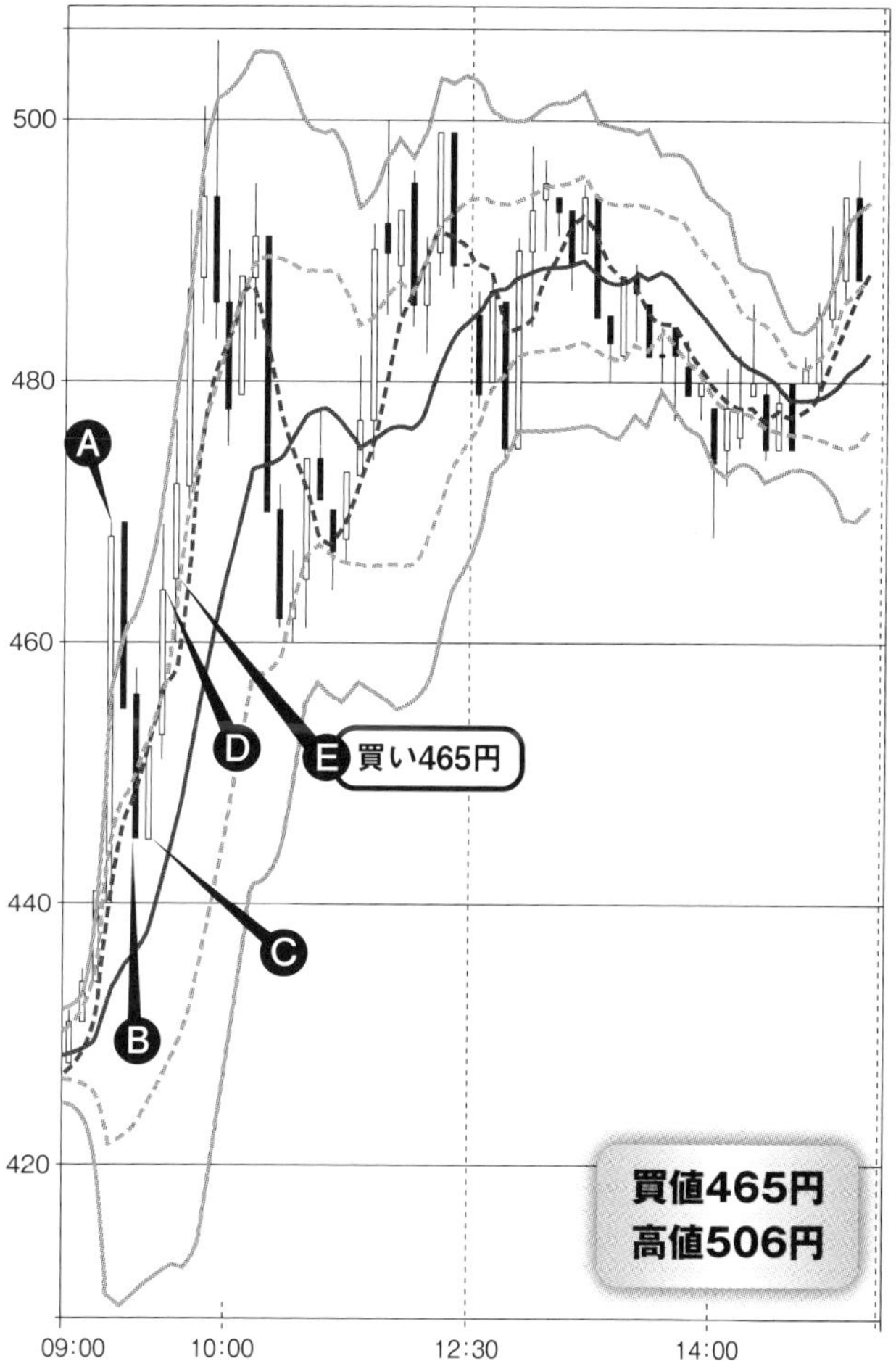

第8章

ボリンジャーバンドを使ったカラ売り手法

08

01

デイトレードのカラ売り手法

この章では、カラ売りのデイトレード手法について紹介します。手法のロジックとしては、7章で紹介した買い手法をカラ売り向けにアレンジしたものです。そのため、すぐに理解できると思います。

株価が大きく下落、または急落した後、少し戻り、そこから再び下落し始めたのを確認して売り建てます。

①大きく下落、または急落

↓

②少し戻る

③再び下落し始めたのを確認する

←

④売り建てる

←

まとめ　デイトレードのカラ売り条件

では、ボリンジャーバンドを使ったデイトレードのカラ売り条件についてまとめます。

条件1……**株価がボリンジャーバンドの「－2σ」を下抜ける**

条件2……**株価が上昇して「－1σ」を上抜ける**

条件3……**終値が12本移動平均線を上抜けることなく反落する**

条件4……**5分足の終値が「－1σ」を下抜ける**

この条件をすべてクリアしたら、次のローソク足の始値あたりでカラ売りをします。

08

02 日本製鋼所（東証プライム5631）

次ページのチャートは、日本製鋼所（東証プライム5631）の5分足チャートです。

条件1……Aのところを見てください。株価が「－2σ」を下抜けました

条件2……Bのところで、株価が上昇して「－1σ」を上抜けました

条件3……Cのところで、終値が12本移動平均線を上抜けることなく反落しました

条件4……Dのところで、5分足の終値が「－1σ」を下抜けました

これですべての条件をクリアしました。次のローソク足の始値あたりでカラ売りします。

売値……2998円

株をカラ売りした後、株価は下落して2859円の安値をつけました。

日本製鋼所

日本製鋼所(東証プライム5631) 5分足チャート

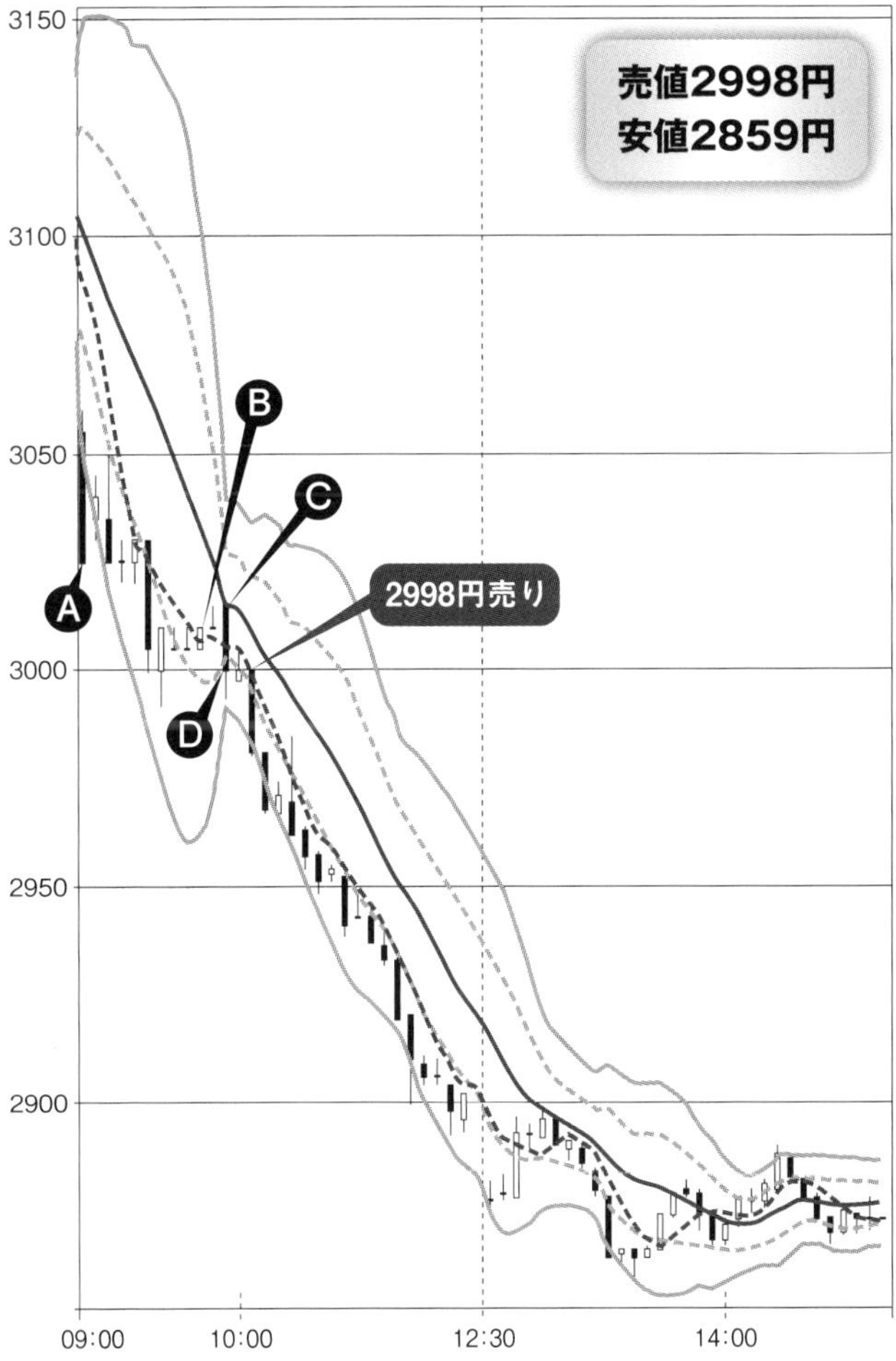

08

03 ペプチドリーム（東証プライム４５８７）

次ページのチャートは、ペプチドリーム（東証プライム４５８７）の5分足チャートです。

条件1……Aのところを見てください。株価が「－２σ」を下抜けました
条件2……Bのところで、株価が上昇して「－１σ」を上抜けました
条件3……Cのところで、終値が12本移動平均線を上抜けることなく反落しました
条件4……Dのところで、５分足の終値が「－１σ」を下抜けました

これですべての条件をクリアしました。次のローソク足の始値あたりでカラ売りします。

売値……４１３５円

株をカラ売りした後、株価は下落して３８８０円の安値をつけました。

ペプチドリーム

■ペプチドリーム(東証プライム4587) 5分足チャート

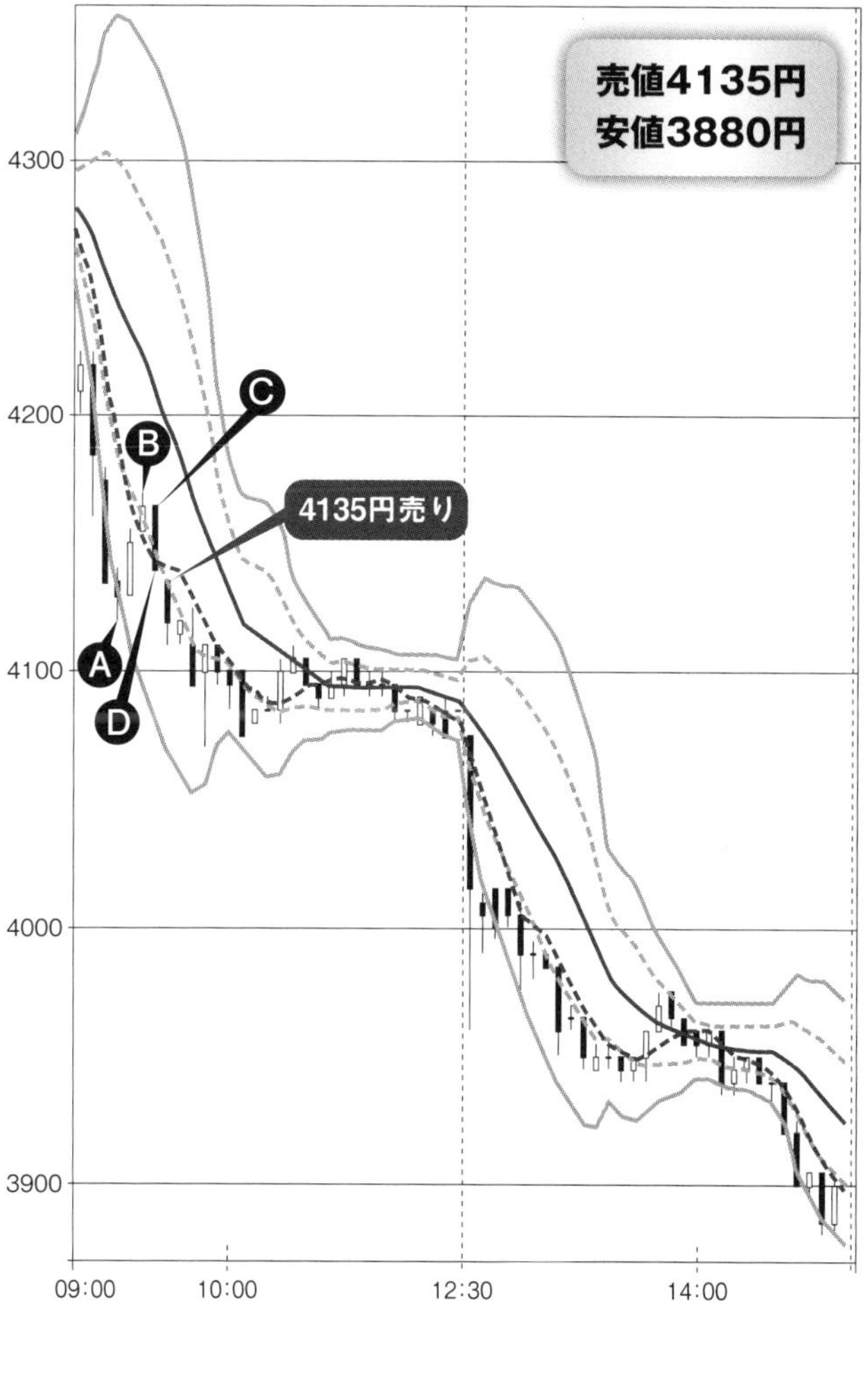

08

04 ネクストステージ（東証プライム3186）

それでは演習問題に入ります。カラ売りの手法をしっかりマスターしましょう。

次ページのチャートは、ネクストステージ（東証プライム3186）の5分足チャートです。

この章で紹介している「ボリンジャーバンドを使ったカラ売り手法」で売り建てるタイミングはどこでしょうか。

1ヵ所答えてください。

ヒント

チャートを左端から見ていき、安値と高値に注目しましょう。

「－2σ」を下抜けた後、戻ってから「－1σ」を下抜けしたところを探します。

前場にあります。

ネクステージ

ネクステージ(東証プライム3186) 5分足チャート

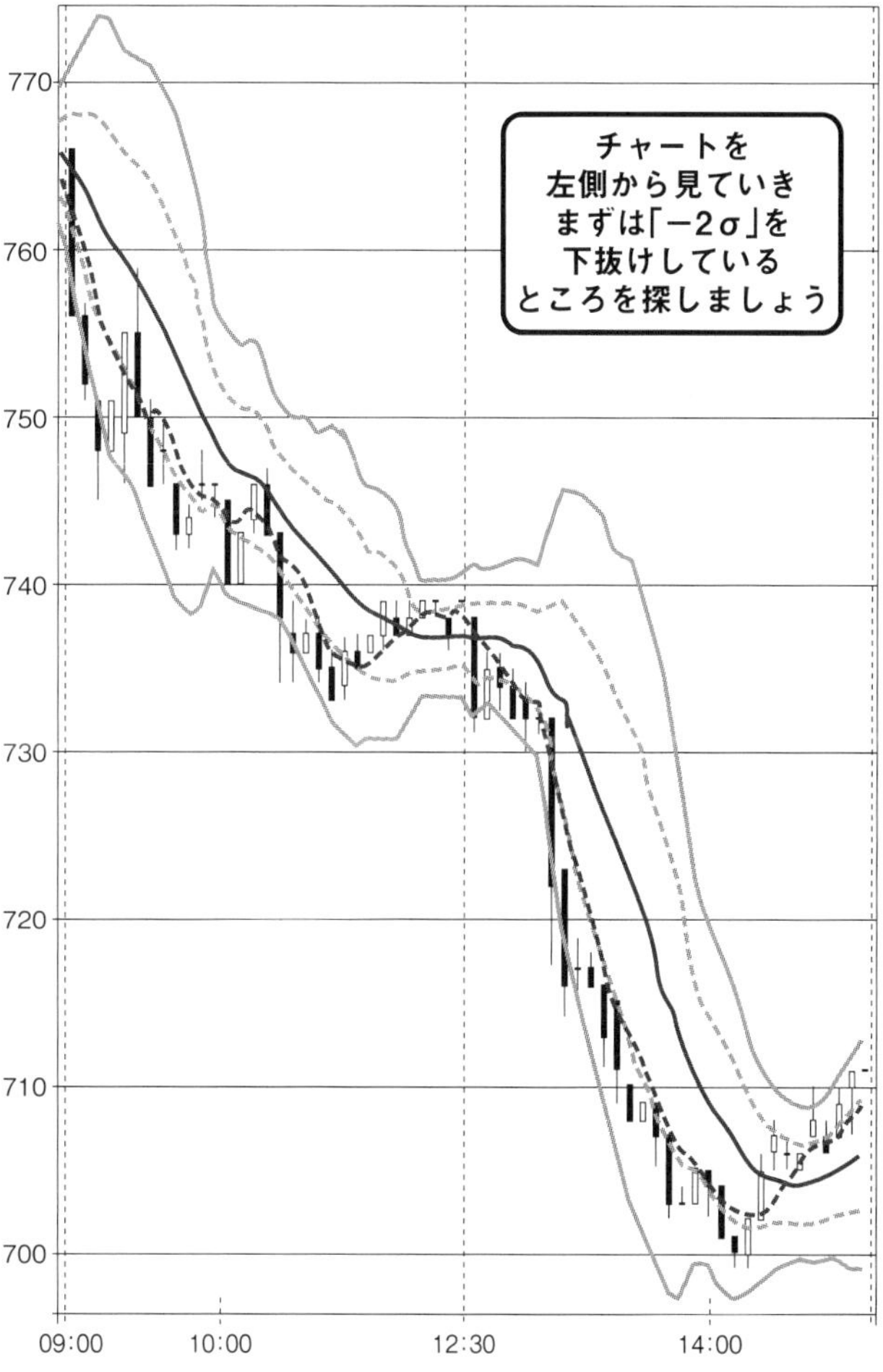

解答

Eのところ

解説

条件1……Aのところを見てください。株価が「－2σ」を下抜けました

条件2……Bのところで、株価が上昇して「－1σ」を上抜けました

条件3……Cのところで、終値が12本移動平均線を上抜けることなく反落しました

条件4……Dのところで、5分足の終値が「－1σ」を下抜けました

これですべての条件をクリアしました。次のローソク足の始値あたりでカラ売りします。

売値……750円

株をカラ売りした後、株価は下落して699円の安値をつけました。

ネクストテージ

ネクステージ（東証プライム3186）5分足チャート

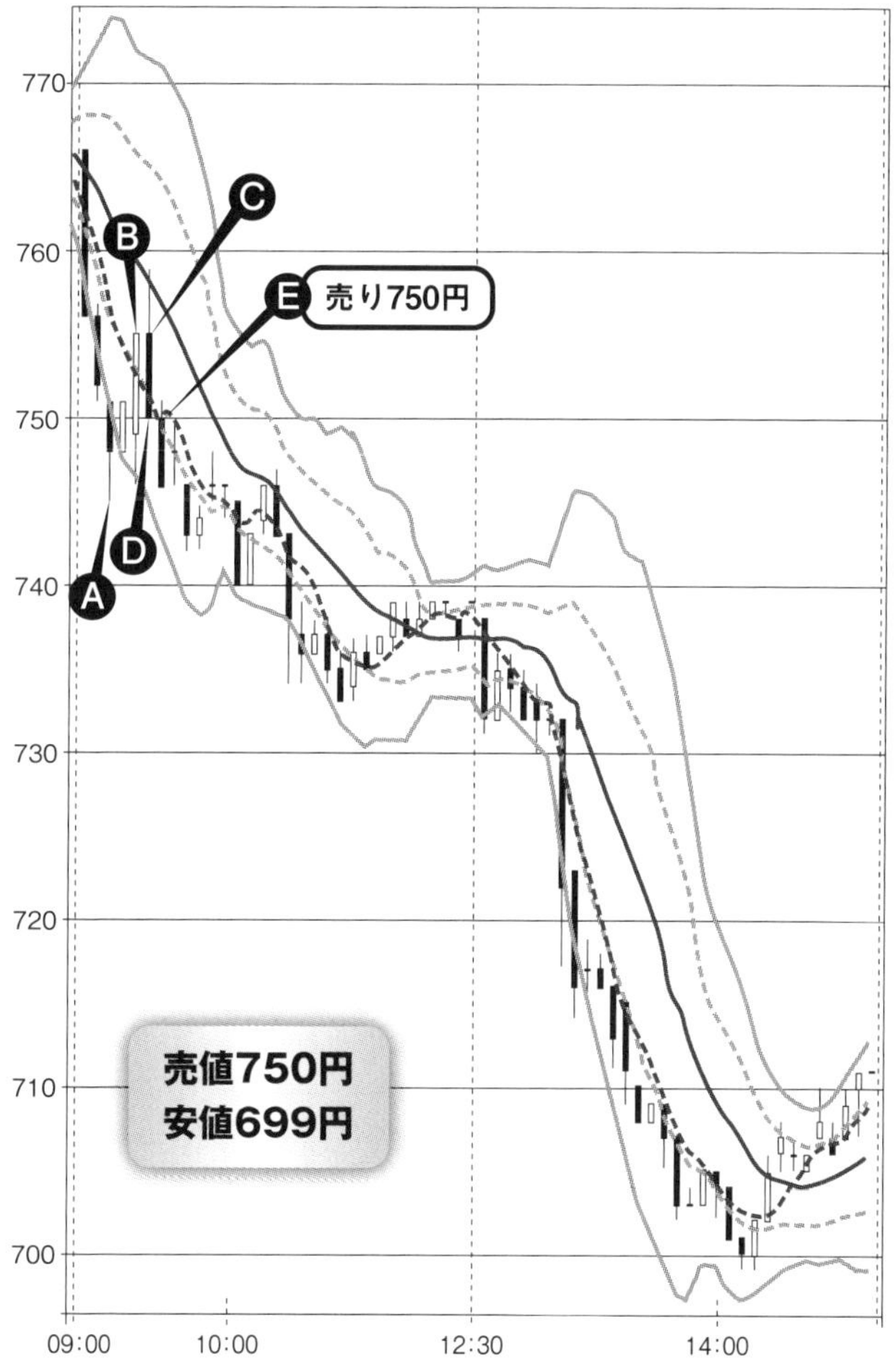

第9章

デイトレードのリスクとリターンを理解しよう!

09

01

含み損が出たらロスカットで対応する

この章では、デイトレードのリスクとリターンについて説明します。

まずは、リスクから説明していきましょう。

どのような優れた手法を使っても、すべてのトレードで利益が出せるわけではありません。損失が出るトレードもあるわけです。

では、ポジションに含み損が出た場合はどのようにすればよいのでしょうか。

ある程度の含み損は、仕方がありません。そのまま様子を見るべきです。

たとえば、株価500円で買って498円になった場合、含み損は出ていますが、わずか2円分です。

この程度の含み損では対応の必要がありません。そのままホールドで様子を見ます。

しかし、もう少し大きな値幅の含み損になった場合、対応が必要になります。

デイトレードにかぎらず、トレードで大切なのは、「1回のトレードで大きな損失を出さない」ということです。

大きな損失を出してしまうと、取り戻すのが大変になります。また、想定外の大きな損失を出してしまうと資金が極端に減ってしまい、トレードができなくなってしまうこともあります。1回のトレードで大きな損失を出してしまい、退場した（資金不足でトレードをやめた）トレーダーもたくさんいます。

このようなことにならないためにも、1回のトレードで大きな損失を出さないようにするべきです。

含み損が出たときの対応はいくつかあるのですが、おすすめは、「ロスカット」です。

ロスカットとは、損切りのこと。含み損が出たポジションを決済し、損失を確定させることです。

「含み損が出てもポジションを持っていれば、含み損がなくなることもあるのではないか」

そう思った方もいることでしょう。

しかし、含み損が出たポジションをそのまま持っていると、損失が拡大してしまう可能性があります。

1回のトレードで大きな損失を出さないためにも、決済してポジションをなくしてしまうべきです。

長年にわたって稼いでいるデイトレーダーは、例外なく、ロスカットしています。

逆にいうと、ロスカットができなければ、長年にわたってデイトレードで稼げないということになります。

私自身、「デイトレードで含み損が出たら、ロスカットするのは当然のこと」だと思っています。

また、ロスカットがきちんとできるかできないかによって、トレーダーの技量に大きな差が出るとも思っています。

含み損が出た時の対応としては、ロスカットはとても有効です。

読者の方は、必ずロスカットで対応してください。

09

02 利食い幅の目安

次は、利食いについて説明しましょう。

デイトレードではどれくらいの利幅を狙えばよいのでしょうか。

これは、人それぞれによって異なります。

1円（1ティック）の人もいれば、30円（30ティック）以上の人もいます。

狙う利幅について、正解というのはありません。

ケースバイケースなので、難しいといえます。

わずか1円で利食いした後、大きく上昇することもよくあります。「もう少し大きな利幅を狙えばよかった」と思うこともよくありました。

逆に、大きく上昇すると思って30円くらいの利幅を狙ったのに、3円ぐらいしか上昇しなかったということもよくあります。「もう少し小さな利幅で利食いしておけばよかった」

と思うこともよくあります。

私自身、19年くらいデイトレードをしていますが、未だに「どのくらいの利幅がよいのか」ということはわかっていません。おそらく、この先もわからないと思います。それくらい難しいこと、というよりも、正解がないのでしょう。

各自が欲しい利幅を狙えばよいと思います。

目安としては、1～10ティックくらいです。

これはトレードスタイルによって若干違います。

- **リバウンド狙いでの目安……1～5ティックくらい**
- **押し目買いでの目安…………5～10ティックくらい**
- **ブレイクアウトでの目安……5～10ティックくらい**

初めのうちはトレードスタイルに関係なく、1～5ティックくらいを目安にしてください。少し慣れてきたら、1～10ティックくらいを目安にしましょう。

09

03 買った後に急騰したら利食いが鉄則

利食いのタイミングは、ケースバイケースなので、なかなか正解のようなものはありません。

ただ、株を買った場合、株価が急騰したら、利食いしておいたほうがいいでしょう。過去の経験から、株価が急騰した後に陰線や長い上ヒゲが出ると、下落しやすくなります。

株価が急騰すると、株を持っていた人の多くは利食いします。そうすると、ローソク足が陰線や長い上ヒゲになります。

これらのローソク足が出ると、高値警戒感からか新規の買いが入りにくくなります。すると、株価がさらに下がるわけです。

そうなる前に、利食いしておく必要があります。

実例を1つあげておきましょう。

次ページのチャートは、ダブルスタンダード（東証プライム3925）の5分足チャートです。

Aのところで、買いのタイミングになりました。

買値……5200円

少し下落した後に株価は切り返し、Bのところで長めの陽線が出ました。長めの陽線は、始値に対して終値が極端に高かったわけですから、急騰したことを表します。

ここら辺で利食いしておいたほうがいいでしょう。

そこからもう少し伸びていますが、その後、上ヒゲをつけた陰線が出て、株価は下落しました。

このように、急騰の後に陰線や長めの上ヒゲが出ると株価が下落しやすくなるので、こういったローソク足が出る前に利食いしておきましょう。

急騰で利食いした例

ダブルスタンダード（東証プライム3925）5分足チャート

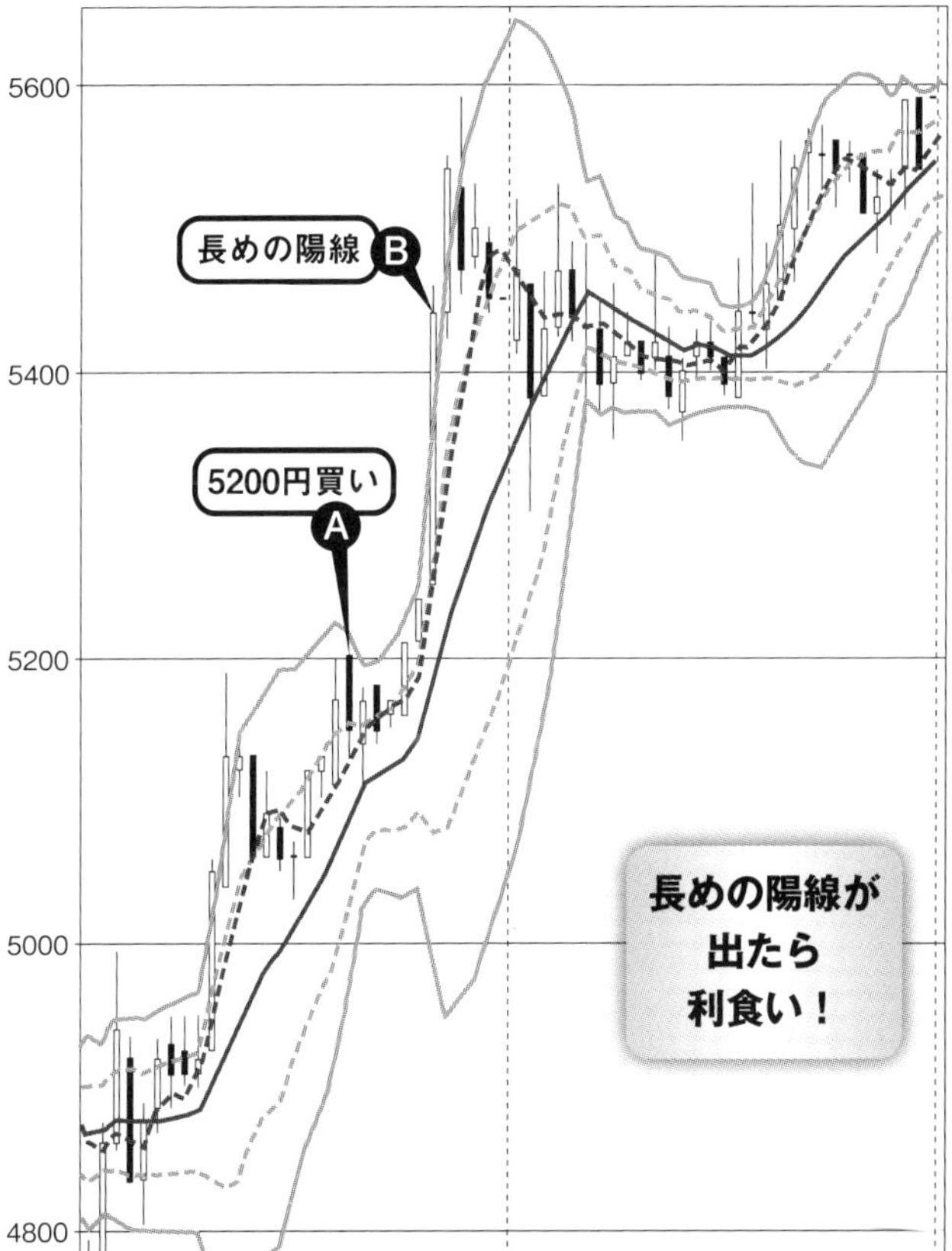

09

04 翌日以降に持ち越してもかまわない

デイトレードは買ったその日のうちに決済するトレードです。しかし、必ずしも決済しなければならないというわけではありません。翌日以降に持ち越してもかまいません。

私もよく、スイングトレードに切り替えることがあります。

たとえば、「押し目買いで買った後、大きく上昇したのでスイングトレードに切り替える」「リバウンド狙いで買ったら、その日の最安値で買うことができたので、リスクを取ってスイングトレードに切り替える」といったことをよくします。

スイングトレードに切り替えて、より大きな利益を狙うわけです。

このときに注意したいのが含み損です。翌日以降に持ち越す場合は、必ず含み益が出ている株にしましょう。含み損が出ている株は持ち越さないようにします。

デイトレーダーで多いのが、含み損が出ている株の持ち越しです。

「含み損が出ているので、決済したくない。明日以降に持ち越して、含み損がなくなることを期待しよう」

といった考えで持ち越します。

私もかつて、このように損失を確定させるのが嫌で、デイトレードで買った分を翌日以降に持ち越したことがよくありました。その結果、うまく含み損がなくなることもありました。しかし、逆に含み損がさらに拡大してしまったこともよくありました。

含み損が出ているということは、思惑とは逆に株価が動いてます。翌日、その流れを引き継いで、さらに株価が思惑と逆に動く可能性のほうが高いわけです。

そのため、含み損が出ている株の持ち越しはリスクが高いのでやめるべきです。

また、含み益が出ているポジションのすべてを持ち越すこともやめましょう。できれば、半分以上のポジションを利食いしておくべきです。たとえば、デイトレードで５０００株を買ったとします。含み益が出て持ち越す場合、３０００株か４０００株を利食いして、残りの株を持ち越します。こうすれば、既に利益を確保しているので、持ち越した分の株価が建値に戻ったとしても、利益が残るわけです。

私の場合、このようなポジション調整で持ち越すことが多いです。

09

05

持ち越した翌日がストップ高になることもある

では、デイトレードからスイングトレードに切り替えて、大きな利益を狙った例について、実例で紹介しましょう。

次ページのチャートは、ホロン（東証ジャスダック［当時］７７４８）の5分足チャートです。Aのところで買いのタイミングになりました。

買値……１３３７円

Bところで長めの陽線が出たので、持ち株の半分を利食いしました。

残りの半分で大きな利益を狙います。

Cのところでストップ高。

当日……………終値の時点で１２１円分の利益

翌取引日………ストップ高の比例配分。３００円分の利益

スイングトレードに切り替えて大きな利益を得る

ホロン(東証ジャスダック［当時］7748) 5分足チャート

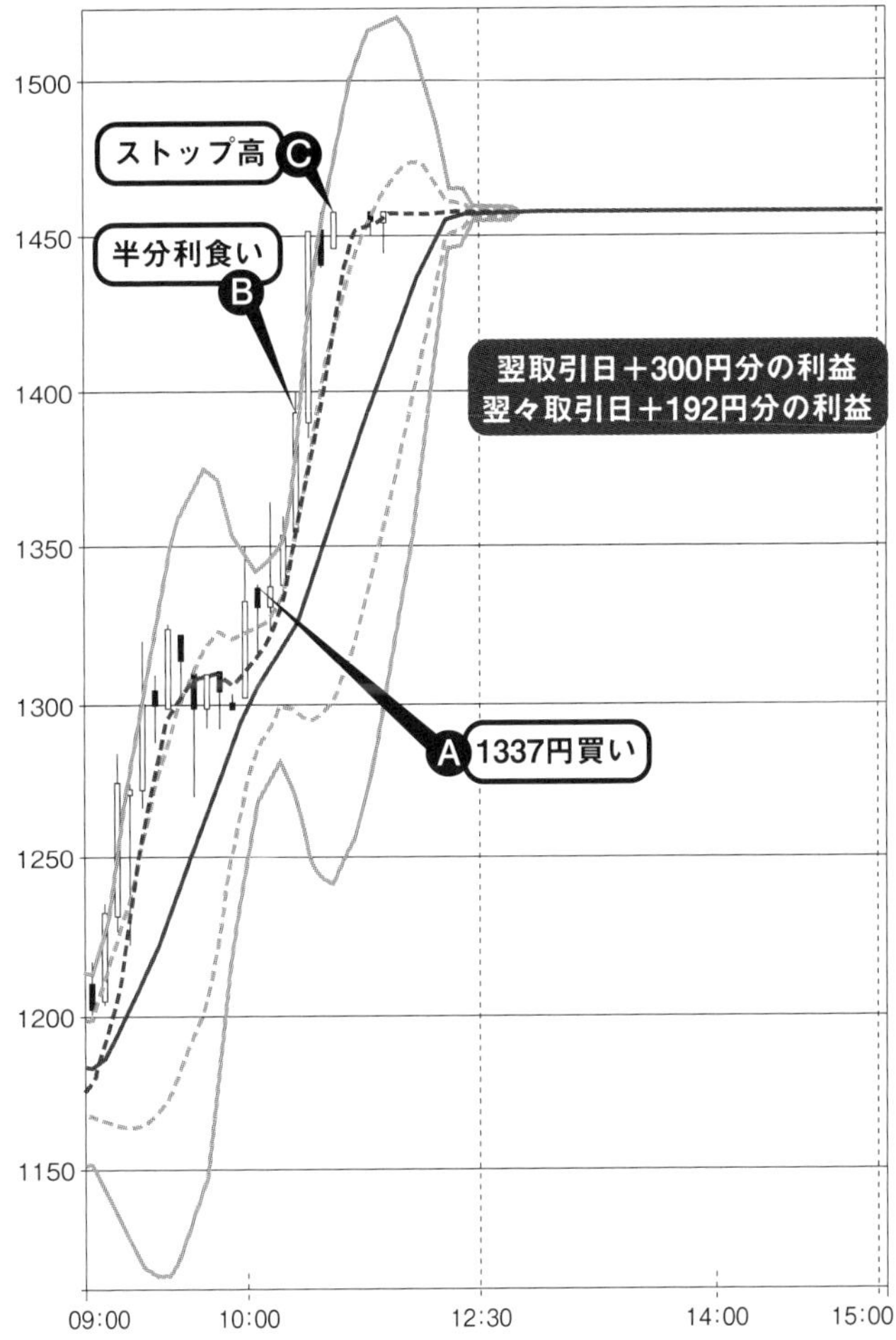

翌々取引日……特別買い気配でスタート。寄り付きの時点で192円分の利益
トータル………終値の時点で613円分の利益

オーバーナイト（1晩だけの持ち越し）のつもりでしたが、翌取引日はストップ高の比例配分になりました。

そのため、株を売らずに、もう1晩持ち越し。

そして、その翌取引日の寄り付きで残りの株を利食いしました。

トータルで613円分の利益。1000円台半ばという価格帯の株のトレードとしては、かなり大きな利益です。

もちろん、これはうまくいった例です。

うまくいかないこともあります。利を伸ばそうと思って持ち越したら、翌取引日は特別売り気配からスタートし、含み益がなくなってしまった、ということもあるわけです。

そのため、持ち越すときはなるべくデイトレードの当日に持ち株の一部を売って、利益を確保しておきましょう。

09
06
ネックラインを割り込むと急落する可能性がある

7章で紹介した「ボリンジャーバンドを使った買い手法」で買った場合ですが、5本移動平均線を割り込んだら、少し警戒が必要です。

そして、ネックラインを割り込んだら、必ず逃げましょう。

なぜなら、ネックラインを割り込むと急落する可能性があるからです。

実際のチャートを使って説明しましょう。191ページのチャートは、アドウェイズ（東証プライム2489）の5分足チャートです。

Aのところが買いのタイミングです。

買った後、すぐに下落してしまいました。

Bのところで5本移動平均線を割り込み、さらにCのところで12本移動平均線も割り込んでいるので、この時点でもう逃げていなくてはなりません。

そして、Ｄのラインがネックラインです。

株価がここを割り込むと、「ダブルトップ」というチャートパターンになってしまいます。チャートパターンとは、複数のローソク足によってできた「特定の形」のことです。株価の動きを予測するのに使います。

ダブルトップは、できた後、株価が下落しやすくなるチャートパターンで有名です。

株価がネックラインを割り込むと、新規の買いが入りづらくなり、株を持っていた人も売り逃げる可能性が高くなります。

そのため、株価が急落する可能性が高くなるわけです。

実際、このチャートでも、ネックラインを割り込んだ後に株価が急落しています。

どんなに遅くても、Ｅのあたりでは逃げていなくてはなりません。

ネックラインを割り込んで急落した例

アドウェイズ（東証プライム2489）5分足チャート

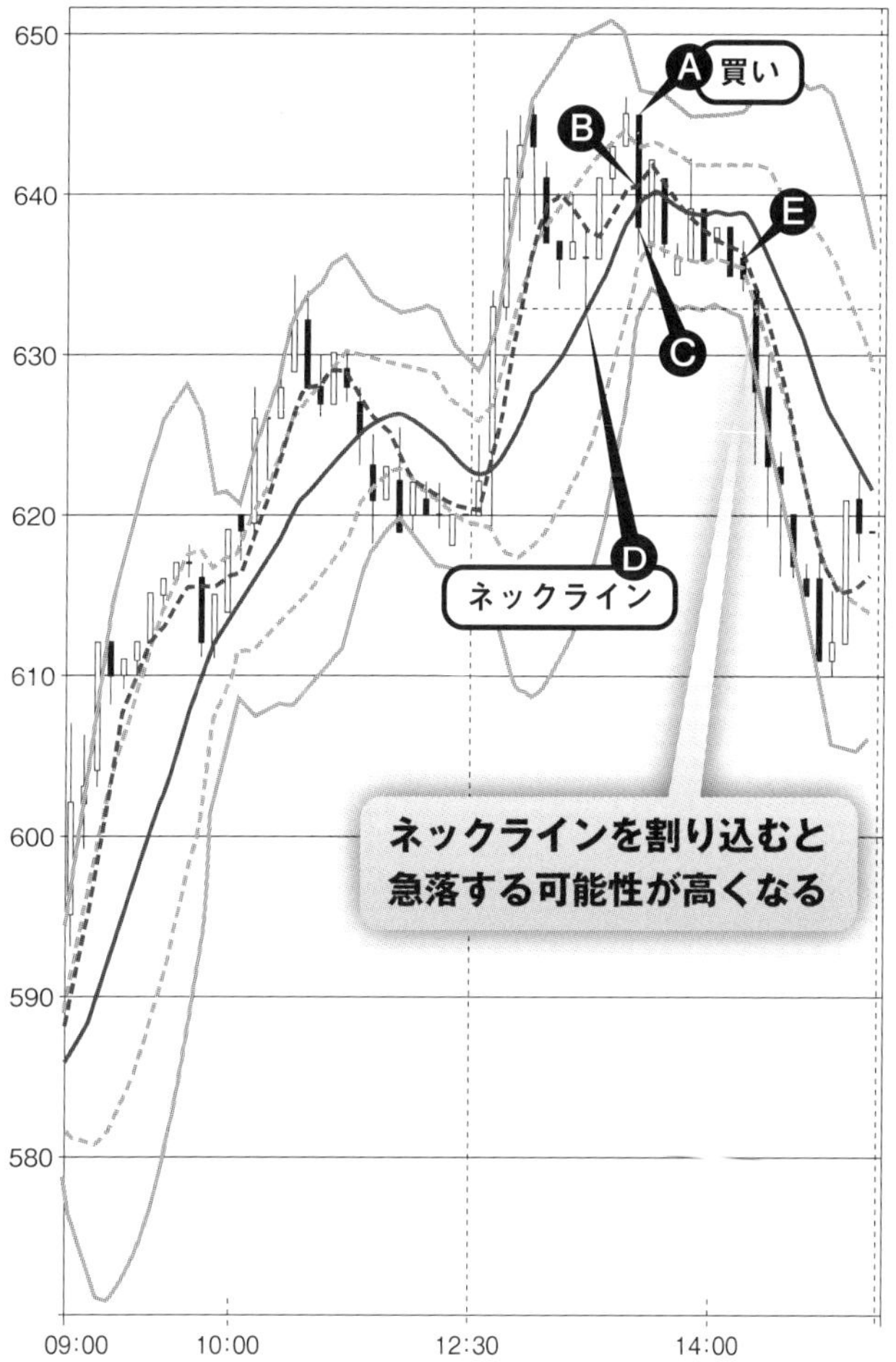

09

07

支持線を割り込んだときは注意が必要

直近で急騰した銘柄が支持線を割り込んだときも注意が必要です。

支持線とは、株価の支えとなる価格帯に引いたラインのことです。株価が支持線まで下落すると、反発する可能性が高くなります。

支持線の引き方はいろいろあるのですが、ほぼ同じ水準の安値と安値を繋げて引くのも1つです。この支持線を割り込んでしまうと、株価が急落することがあります。

次ページのチャートは、ブロードバンドタワー（東証スタンダード3776）の5分足です。直近で190円台から350円台まで急騰。この日は5分足で301円のところに支持線を引くことができます。後場、このラインを割り込んだ後、急落しました。

このように、直近で急騰した銘柄が支持線を割り込むと、株価が急落することがあるので注意が必要です。

支持線を割り込んで急落した例

ブロードバンドタワー（東証スタンダード3776）5分足チャート

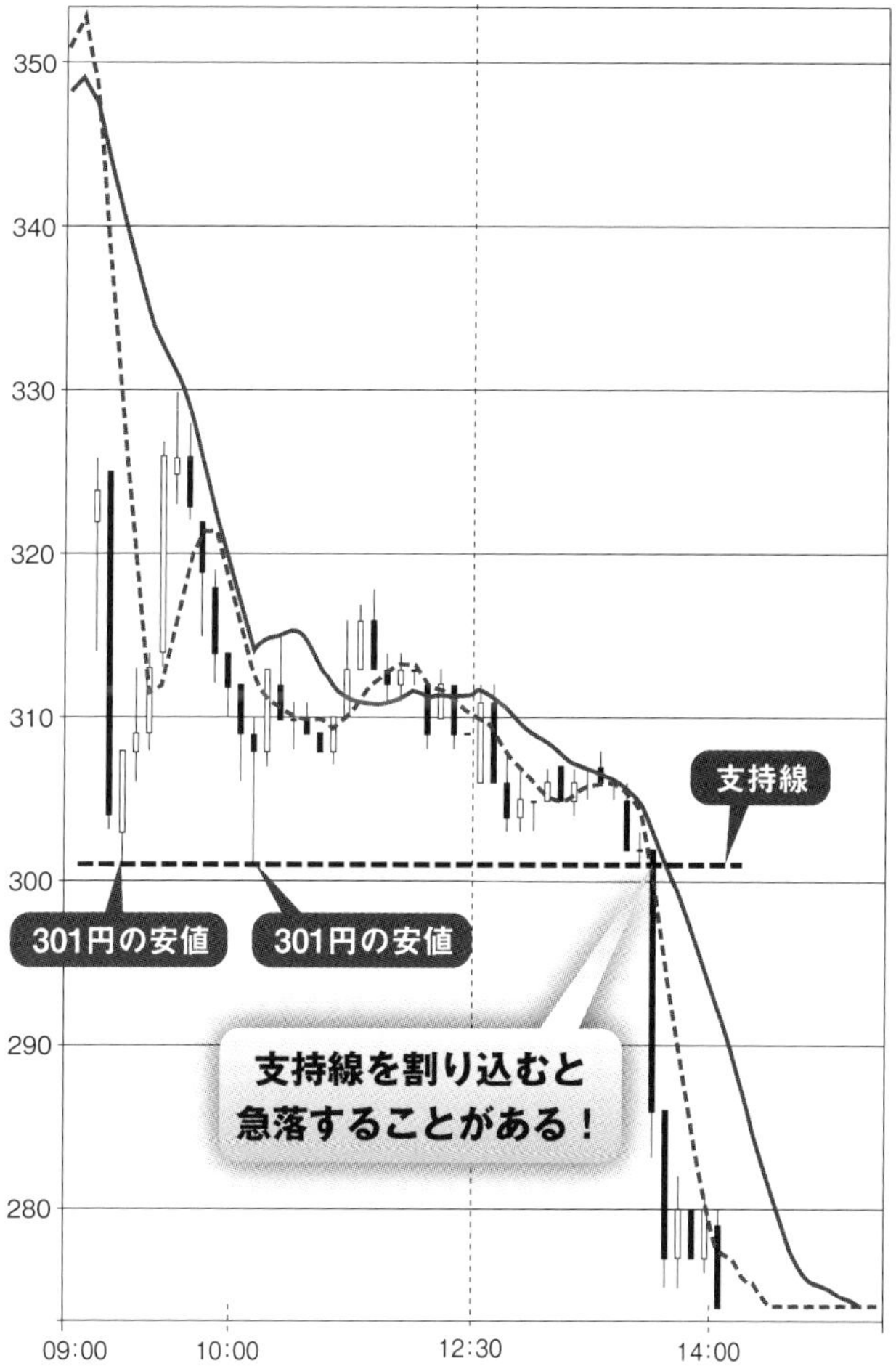

08 大きな損失が出る急落しやすい時間帯

デイトレードで注意しなければならないことの1つは、「急落しやすい時間帯での立ち回り」です。私の経験上ですが、急落しやすい時間帯があります。主に以下の時間です。

- **寄り付き直後**
- **前場引け間際**
- **14時過ぎ**
- **14時30分過ぎ**

とくに、「14時過ぎ」と「14時30分過ぎ」の急落は、下落幅も大きいので、急落に巻き込まれてしまうとあっという間に大きな損失が出てしまいます。

この時間帯に株を持っているときは、いつでも売り逃げることができるようにしておきましょう。

急落しやすい時間帯はうかつに買わない

フィンテック グローバル（東証スタンダード8789）5分足チャート

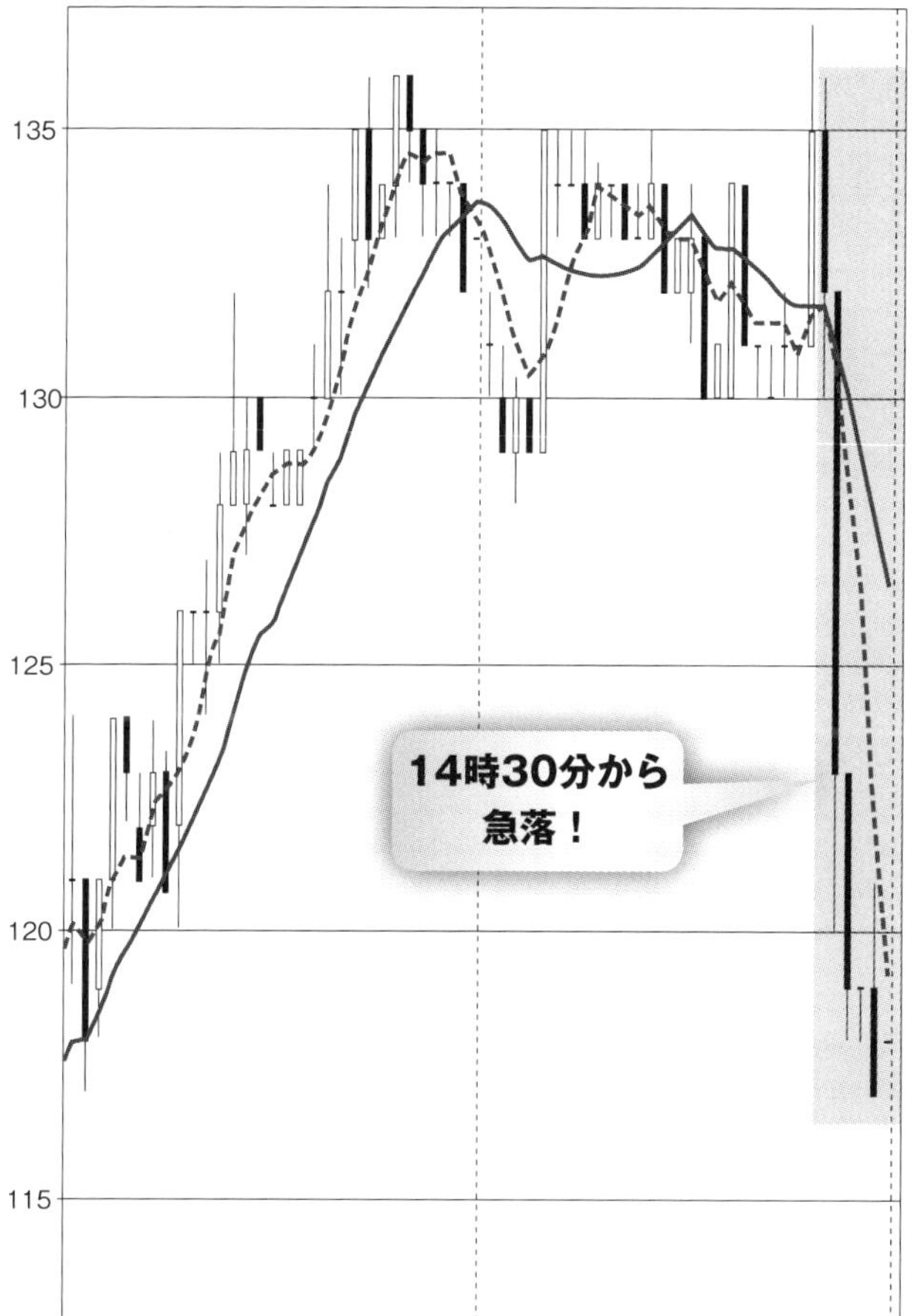

09

ストップ安近辺はまとまって売り注文が出て下落しやすい

株価が大きく下落して、ストップ安近辺になったときも注意が必要です。

ストップ安とは、当日の値幅制限の下限の価格、または、株価が下限まで値下がりした状態のこと。

ストップ安が近くなると、株を持っていた人の投げ売りとも思われる、まとまった売り注文が出てきて、株価がさらに下落することが多くなります。

１つ実例を見てみましょう。次ページのチャートは先ほどと同じブロードバンドタワー（東証スタンダード３７７６）の5分足チャートです。

前日の終値は３５４円。この日のストップ安は２７４円です。１９２ページで説明したように、株価は３０１円の支持線を割り込んだ後に急落しました。

そして、株価は前日比で70円安になり、ストップ安が近づいてきました。

ストップ安近辺で急落した例

ブロードバンドタワー(東証スタンダード3776) 5分足チャート

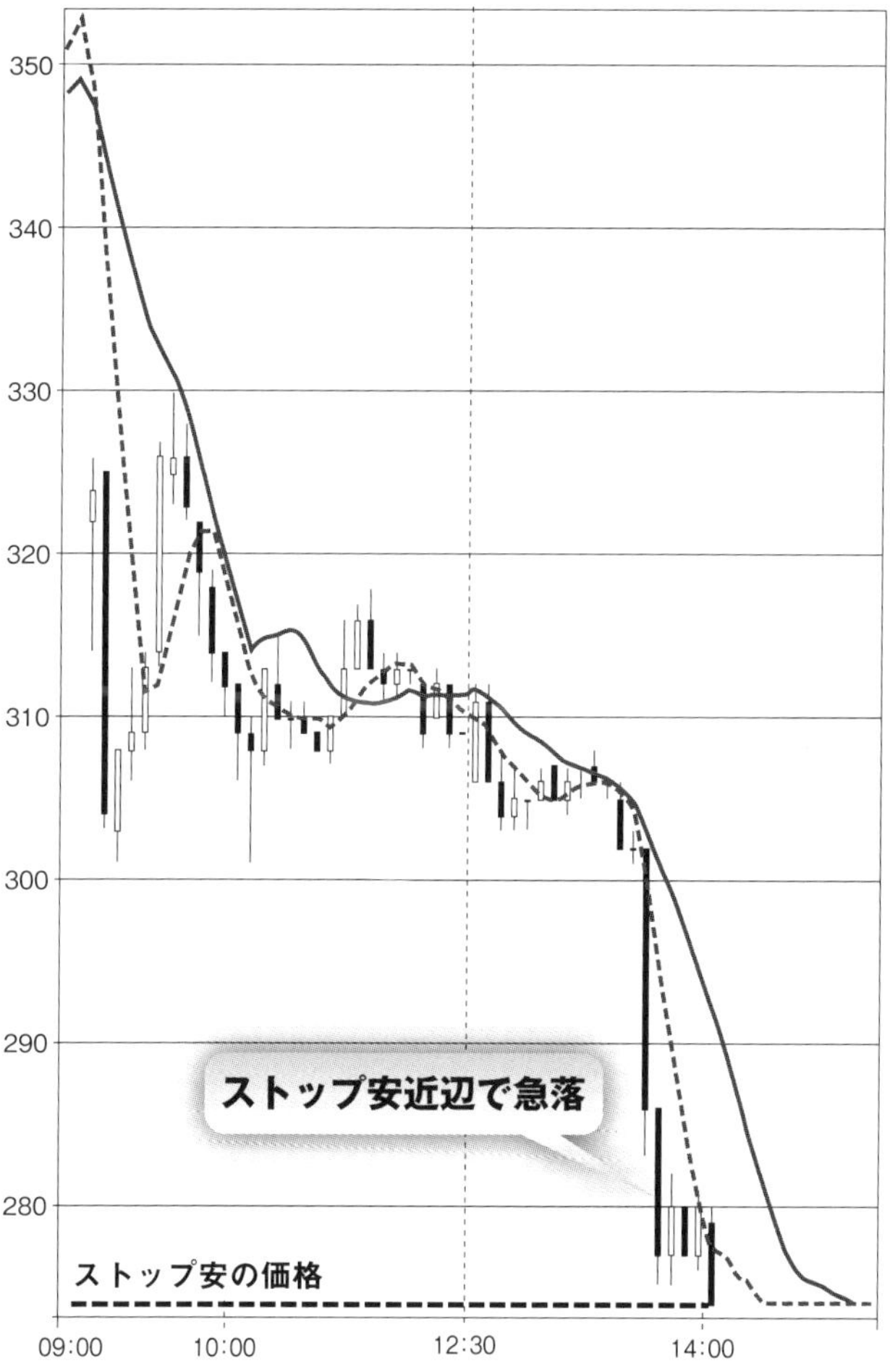

ストップ安になると、翌日の特別売り気配でさらに株価が下落する可能性があります。

特別売り気配とは、大量の売り注文に対して買い注文がない状況で、気配を表示し、買い手を募ること。気配値は、売り注文数と買い注文数の折り合いがつくまで、段階的に下がっていきます。折り合いがついた価格で取引が成立し、再び売買が開始されます。

このリスクを避けるため、株を売って処分する人が多くなり、まとまった売り注文が出てきます。この日、買い板はそこそこ厚かったのですが、まとまった売り注文がどんどん出てきて、結局、ストップ安に張りついてしまい、取引ができなくなってしまいました。

このように、ストップ安近辺まで下落すると、まとまった売り注文が出てきて、さらに下落しやすくなるので注意が必要です。

ストップ安近辺はデイトレードで儲けられない？

ストップ安近辺で株を買ったら絶対に儲からない、というわけではありません。

ストップ安近辺でもリバウンド狙いのデイトレードなどで利益を出すことは可能です。

私自身、以前はストップ安近辺でも、デイトレードをしていました。しかし、最近はほとんどしていません。その理由は、大きなリスクを取りたくないからです。

第10章

相場全体の大きな流れを見極めてトレードしよう！

10

01 相場全体の大きな流れを見極めてデイトレードに活かす

この章では、デイトレードのスキルをさらに上げるために有効な方法を紹介します。

主に、「日足による大きな流れ（傾向）の見極め方法」と、それをデイトレードに活かす方法です。


デイトレードの場合、個別銘柄の短い時間軸のチャートで、トレードのタイミングを見極めている人が多いようです。

本書でも、そのような手法を紹介してきました。

では、相場全体の大きな流れは関係ないのかというと、そうではありません。

この場合の「大きな流れ」とは、数日間、数週間、数ヵ月といった長いスパンの流れのことです。

22ページでも述べたとおり、相場全体が下落傾向のときでも稼ぐことはできますが、やはり、相場全体が上昇傾向のときのほうが稼ぎやすくなります。

なぜなら、相場全体が上昇傾向のときは、上値を追うことに警戒感があまりないため、株価が上がりやすいからです。

逆に、相場全体が下落傾向のときは、上値を追うことに警戒感があるため、株価が上がりにくくなります。

そのため、デイトレードというスパンの短いトレードでも、相場全体の大きな流れを見極め、それをトレードに活かしていくことが重要です。

10
02
ボリンジャーバンドを使って相場全体の流れを見極める方法

相場全体の流れの見極めには、日経平均株価を使います。日経平均株価は国内を代表する株式指標です。この動きを見極めることで、相場全体の流れを見極めることができます。

具体的には、日経平均株価の日足チャートを使います。

見極める方法はいくつかあるのですが、ここでは簡単な方法を2つ紹介します。

まず1つ目の方法ですが、これは日足チャートにボリンジャーバンド表示させます。

・株価（ローソク足）がボリンジャーバンドの「＋1σ」の上で推移しながら上昇していれば、相場全体は上昇傾向

ボリジャーバンドで傾向を見極める

▌日経平均株価 日足チャート

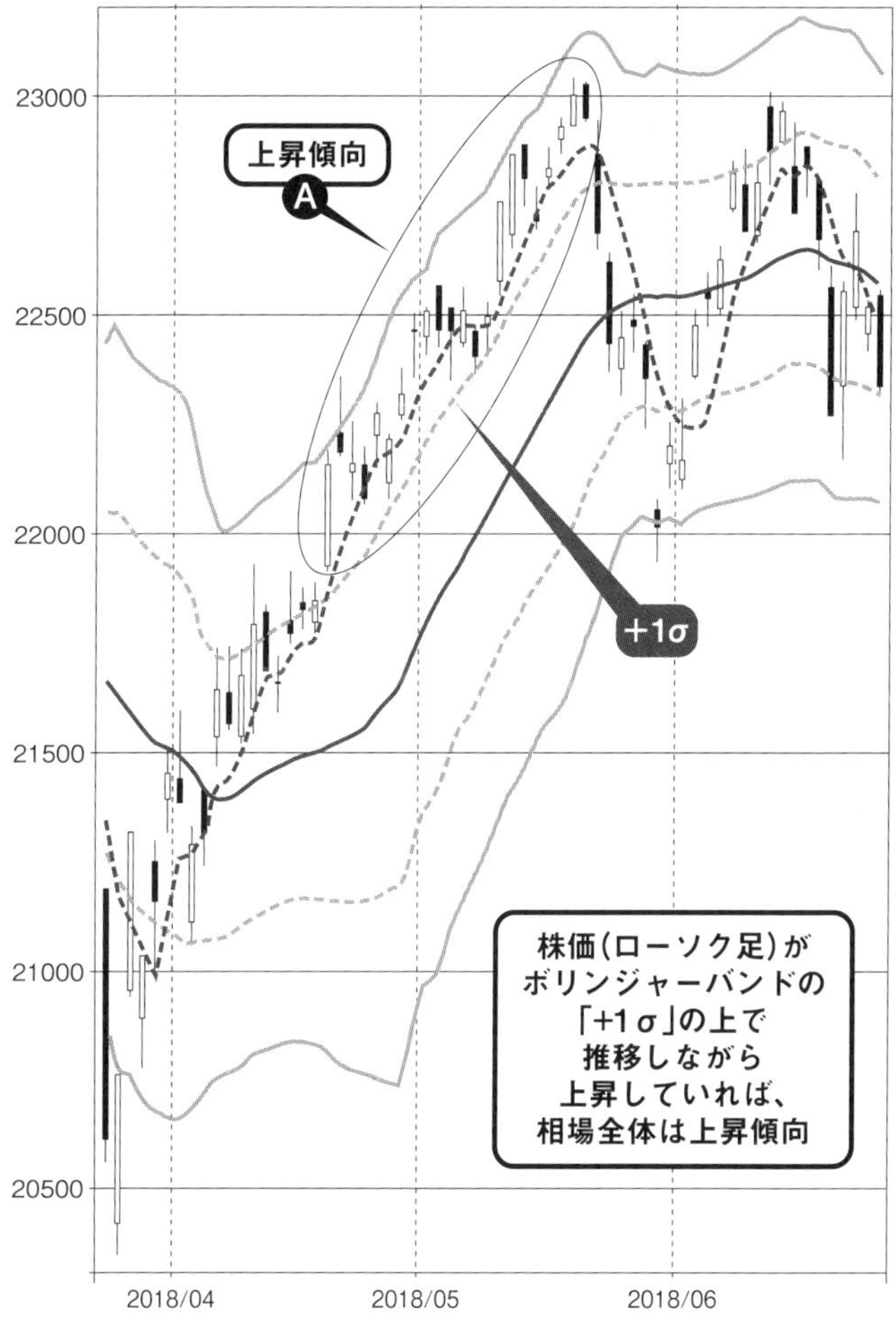

・株価（ローソク足）がボリンジャーバンドの「－１σ」の下で推移しながら下落していれば、相場全体は下落傾向

前ページのチャートを見てください。これは実際に日経平均株価の日足チャートにボリンジャーバンドを表示させたものです。

Ａのところでは、株価がボリンジャーバンドの「＋１σ」の上で推移しながら上昇しています。株価が下がってきても「＋１σ」をなかなか割り込みません。こういったところは、相場全体が上昇傾向であり、「相場が強い」というところです。買いが強い局面でもあり、デイトレードの買いで大きく稼げる局面です。

とても簡単な見極め方法なので、ぜひトレードに取り入れてください。

10

03 5日移動平均線を使って相場全体の流れを見極める方法

相場全体の流れを見極める方法をもう1つ紹介します。
この方法は、日経平均株価の日足チャートに5日移動平均線を表示させます。

- **5日移動平均線が上向きで、なおかつ、株価（ローソク足）が5日移動平均線の上で推移しながら上昇していれば、相場全体は上昇傾向**
- **5日移動平均線が下向きで、なおかつ、株価（ローソク足）が5日移動平均線の下で推移しながら下落していれば、相場全体は下落傾向**

次ページのチャートを見てください。これは日経平均株価の日足チャートに5日移動平均線を表示させたものです。

5日移動平均線で傾向を見極める

日経平均株価 日足チャート

Aのところでは、5日移動平均線が上向きで、なおかつ、株価（ローソク足）が5日移動平均線の上で推移しています。

こういったところは、相場全体が上昇傾向であり、「相場がやや強い」というところです。買いが強い局面でもあり、デイトレードの買いで稼げる局面です。

こちらの方法もとても簡単なので、ぜひトレードに取り入れてください。

10

04

5分足チャートで当日の相場全体の流れを見極める方法

次は、数分から数十分における相場全体の流れを見極める方法について紹介します。これも日経平均株価を使いますが、チャートは時間軸が短い5分足チャートです。

5分足チャートにボリンジャーバンドを表示させます。

考え方は、205ページで紹介した方法と同じです。

・株価（ローソク足）がボリンジャーバンドの「＋1σ」の上で推移しながら上昇していれば、相場全体は上昇傾向

・株価（ローソク足）がボリンジャーバンドの「－1σ」の下で推移しながら下落していれば、相場全体は下落傾向

5分足チャートで傾向を見極める

日経平均株価 5分足チャート

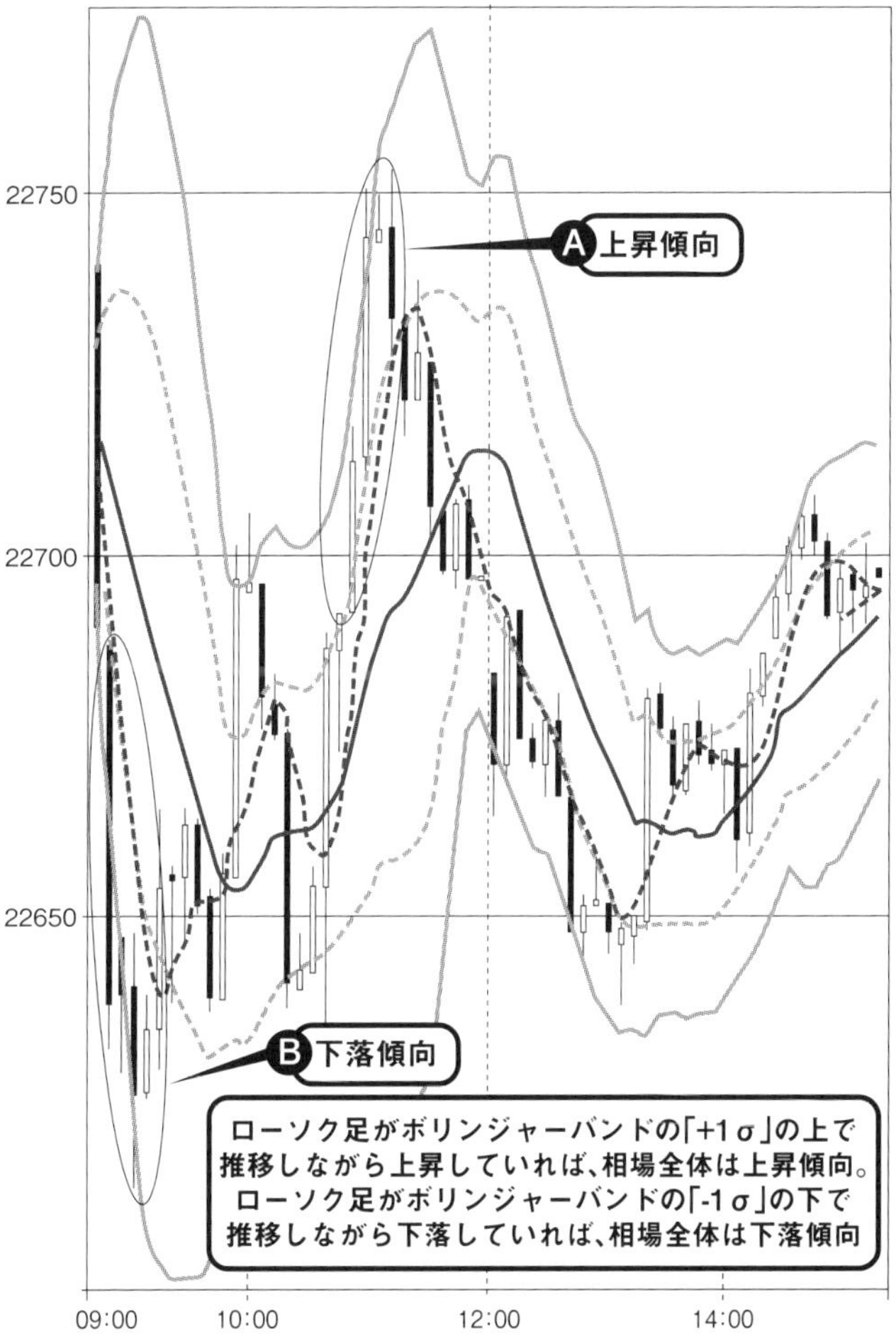
22750
22700
22650
09:00
10:00
12:00
14:00
A 上昇傾向
B 下落傾向
ローソク足がボリンジャーバンドの「+1σ」の上で推移しながら上昇していれば、相場全体は上昇傾向。ローソク足がボリンジャーバンドの「-1σ」の下で推移しながら下落していれば、相場全体は下落傾向

前ページのチャートを見てください。これは実際に日経平均株価の5分足チャートにボリンジャーバンドを表示させたものです。

Aのところでは、株価がボリンジャーバンドの「＋1σ」の上で推移しながら上昇していいます。こういったところは、相場全体が上昇傾向であり、「相場が強い」というところです。買いが強い局面です。

Bのところでは、株価がボリンジャーバンドの「－1σ」の下で推移しながら下落していいます。こういったところは、相場全体が下落傾向であり、「相場が弱い」というところです。売りが強い局面です。

このように、簡単に見極めることができます。

取引時間中は、日経平均株価の5分足チャートを頻繁に見ましょう。

10 05

日足での傾向と5分足での傾向が異なる場合

ここまでの説明は理解できたでしょうか。

相場全体の傾向を見極めた後、それをどのようにしてトレードに活かすかは、120ページで説明したとおりです。

トレードスタイルやトレード戦略、ポジションサイズなどに活かします。

では、日足での見極めと5分足での見極め、どちらを使えばよいのでしょうか。

また、どちらを優先すればよいのでしょうか。

まず、どちらを使うかについてですが、これは両方を使います。

取引が開始される前に日足での傾向を見極めておきます。そして、取引が開始されたら、5分足でその日の相場傾向を見極めます。

日足と5分足で相場全体の傾向を見極めると、それぞれが異なる場合があります。

たとえば、「日足では上昇傾向だが、5分足では下落傾向」。また、この逆もあります。「日足では下落傾向だが、5分足では上昇傾向」といった場合です。

この場合、5分足のほうを優先してください。

日足での傾向、5分足での傾向、どちらも重要なのですが、デイトレードは当日決済ですから、当日の傾向を優先するべきです。

ただ、トレードをするときに、「日足は（当日の5分足と）逆の傾向だ」ということを頭に入れておきましょう。

10 06 持ち越すときは相場全体の傾向に注意

184ページで「翌日以降に持ち越してもかまわない」と述べましたが、持ち越す時は相場全体の傾向に注意しましょう。相場全体の傾向を見極めないで買いポジションを持ち越すと、大きな損失が出てしまう可能性があります。できれば、下落傾向のときは買いポジションを持ち越さないようにすること。

2018年10月11日に暴落が起きました。日経平均株価の下落幅は一時、前日比で1000円安を超えました。

この暴落で大きな損失を出してしまった人も多いことでしょう。

普段はトレーダーのブログを読まないのですが、この日は取引が終わった後、何人かのトレーダーのブログを読みました。「もっと早くロスカットしておけばよかった」というような内容の書き込みが目につきました。

短期のトレードであれば、ここは持ち越してはいけない局面です。そのことは、205ページで紹介した相場全体傾向の見極め方ですぐにわかります。

暴落の前日の段階で、日経平均株価は5日移動平均線を下回って推移しています。

このことから、相場全体は短期的に見ると下落傾向ということです。

しかも、直近で大きな下窓を開けています。これは、下落の勢いが強いことを表しています。

このような見極めができていれば、あの日の寄り付き前の時点で、買いポジションを持っているということはなかったわけです。

暴落に巻き込まれないためにも、株を持ち越すときは相場全体の傾向に注意しましょう。

持ち越してはいけない局面

日経平均株価 日足チャート

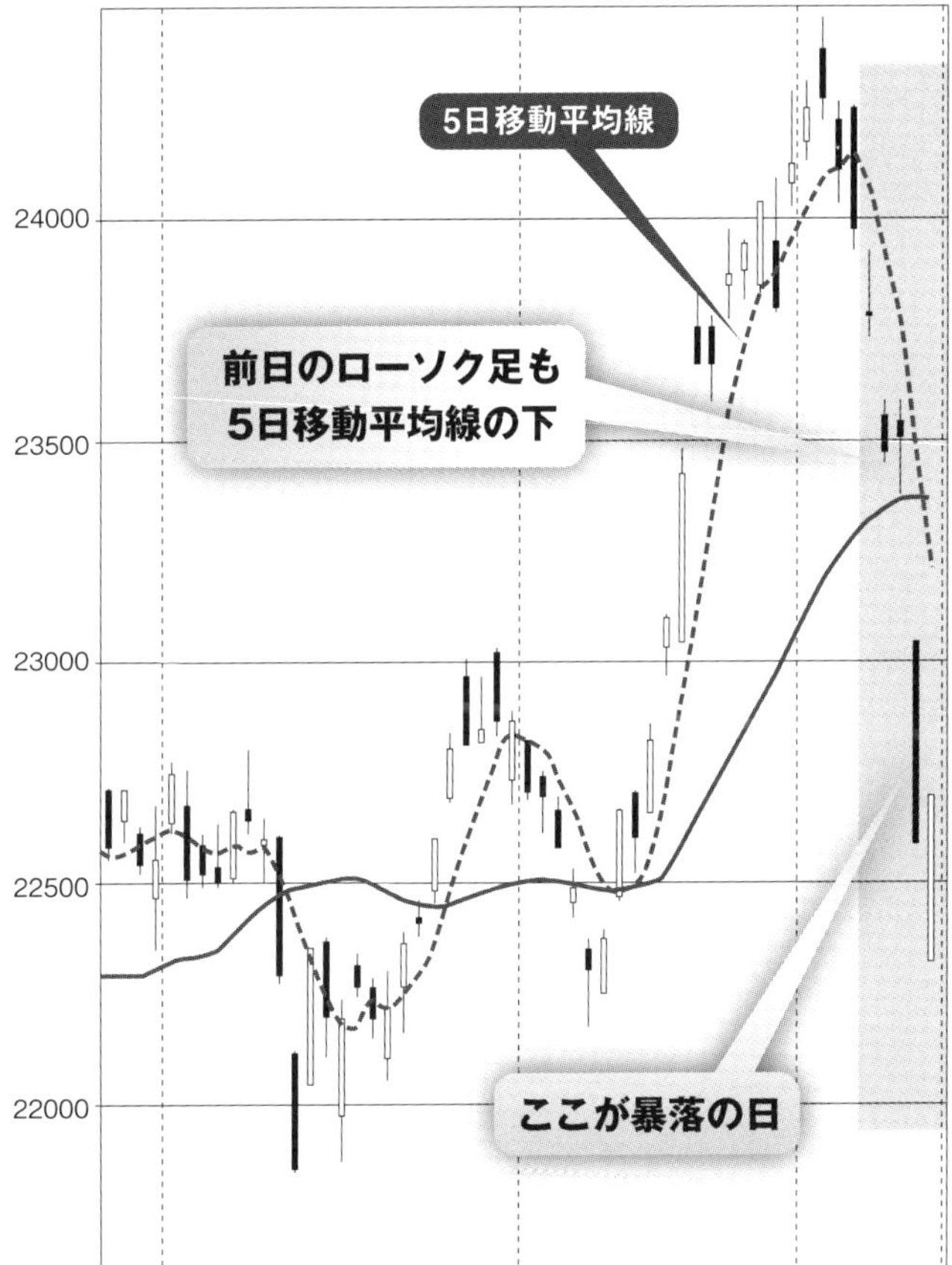

10

07

個別銘柄の傾向も重要

相場全体の傾向も重要ですが、個別銘柄の傾向も重要です。デイトレードで株を買う場合は、なるべく日足チャートで上昇傾向の銘柄を選ぶようにしましょう。そのほうが、勝率が高くなります。

個別銘柄の日足チャートで傾向を見極めるときは、ボリンジャーバンドを使います。以下の条件に該当していれば、上昇傾向であり、なおかつ、その上昇が強い状況です。

ローソク足が「＋1σ」の上で推移しながら上昇している
ローソク足が「＋2σ」に沿って上昇している

ローソク足が「＋2σ」に沿って上昇しているときは、かなり強い状況です。いわゆる、

NFKホールディングス

NFKホールディングス（東証スタンダード6494）5分足チャート

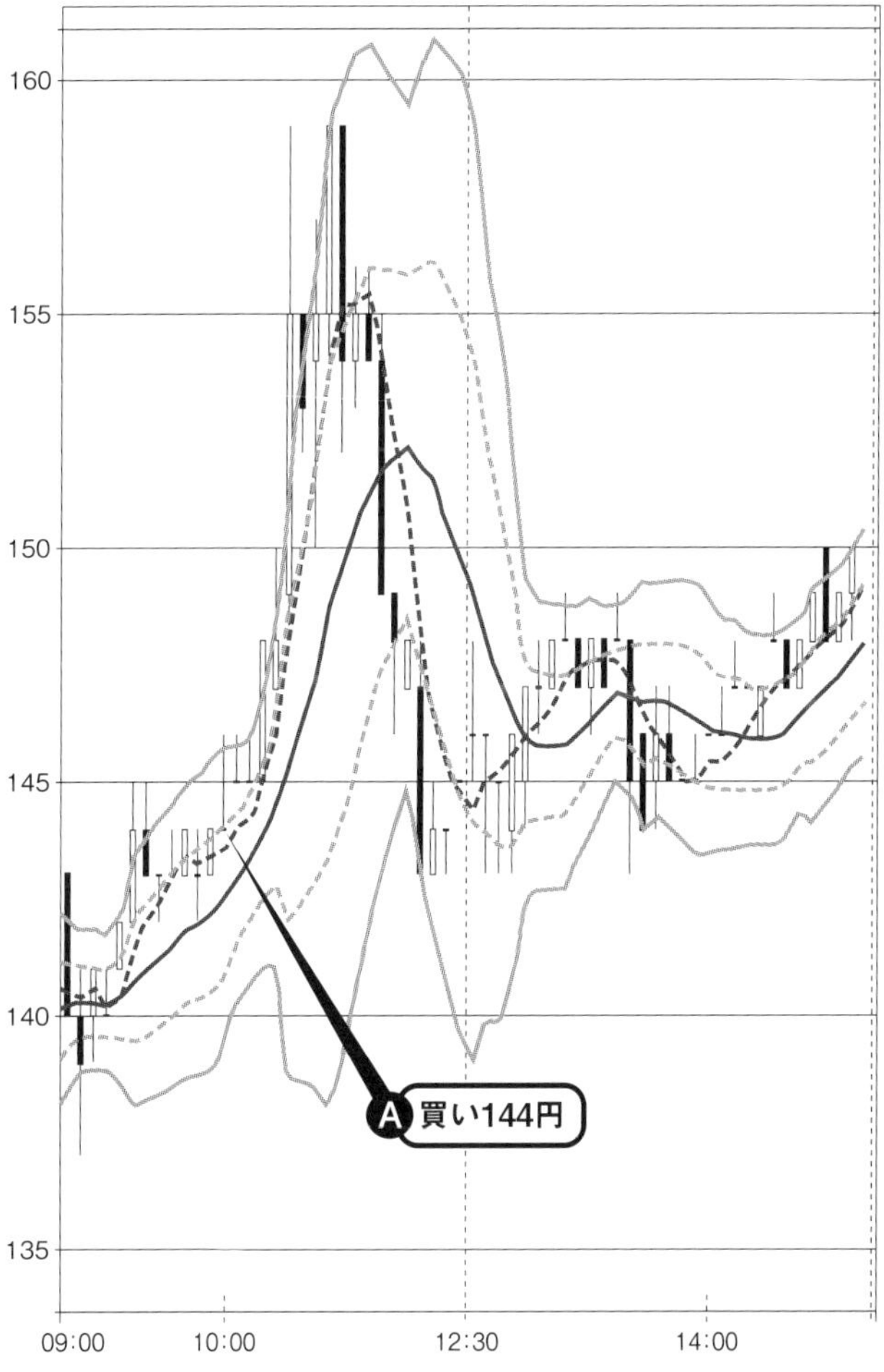

「バンドウォーク」という状態のことです。このどちらかの条件に該当する銘柄を選んでデイトレードをすれば、勝率が高くなります。

1つ実例を上げておきましょう。217ページのチャートは、148ページの実例解説で取り上げた、NFKホールディングス（東証スタンダード6494）の5分足チャートです。Aのところが買いのタイミングです。買値は144円。

このときの日足チャートを見てみましょう。次ページのチャートは、NFKホールディングスの日足チャートです。

Bのローソク足が、デイトレードの前日の日足です。ここまでのローソク足が確定していたわけです。

株価は250円台から大きく下落してきて、Cのところで底を打ちます。

その後、Dのローソク足で安値を切り上げ、Eのところで「+2σ」にタッチしました。

ここから、「+2σ」に沿って上昇しています。

そして、デイトレードで前日のBのローソク足では、「+2σ」を大きく押し広げた状態になっています。上昇に勢いがついてきたことを表しています。

こういったことがわかっていたので、株を買うタイミングを待っていたわけです。

個別銘柄の傾向を見極める

NFKホールディングス（東証スタンダード6494）日足チャート

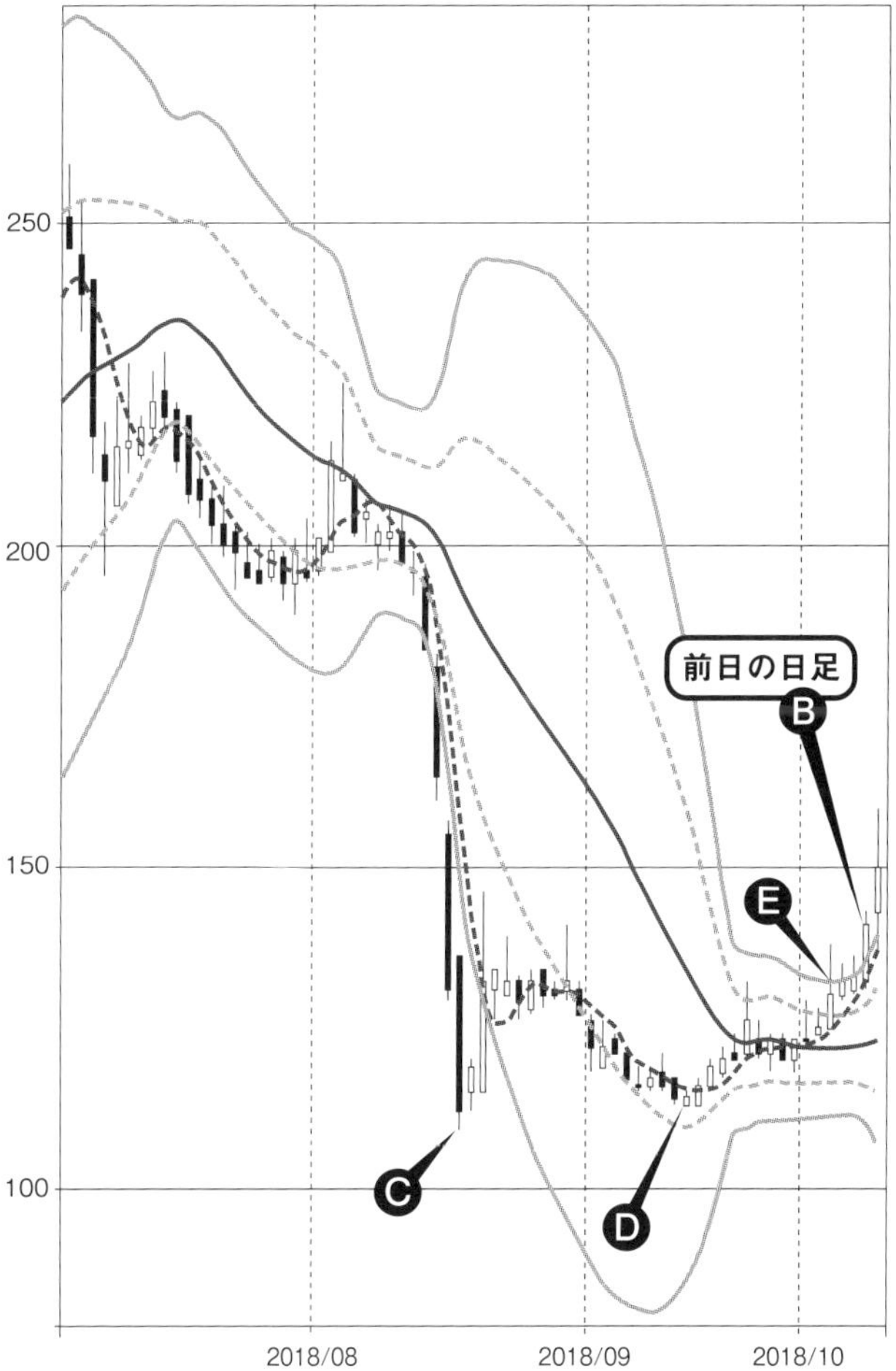

おわりに

最後までお読みいただき、ありがとうございました。

デイトレードをするうえで必要なことは、本書に盛り込めたと思っています。

私自身、この原稿を書いている間も、毎日、淡々とデイトレードを繰り返してきました。

朝起きて、いつもと同じことを繰り返す。

これで、ほぼ毎日、稼ぐことができます。

もちろん、トレードする銘柄は違いますし、相場によって使う手法も違います。

しかし、やっていることは、毎日同じです。

皆さんも、私のように株のデイトレードでほぼ毎日、稼ぐことができるようになるでしょう。

本書で知識をつけたわけですから、あとは実践で学んでください。

最後に、メモ的なものを書いておきます。

ロスカット……………できて当たり前

手法……………………いくつか作り、それを相場状況によって使い分ける

相場全体の傾向の見極め………コンスタントに稼ぐためには重要

個別銘柄の傾向の見極め………勝率を上げるために重要

ダウ理論………………トレンドを見極めるために必要

チャートフォーメーション……日足や週足でのダブルトップ・ダブルボトム、三尊・逆三尊で勝率の高いポイントがわかる

これからデイトレードをしていくうえで頭の中に入れておいてください。

ちなみに、「ダウ理論」と「チャートフォーメーション」については本書で取り上げていませんが、本気でデイトレードのスキルを高めたい方への「おまけ的なアドバイス」や「ヒント」です。機会があれば、学んでおきましょう。

皆さんが株トレードで成功することを祈っています。

二階堂重人

〈著者略歴〉　**二階堂 重人**（にかいどう・しげと）

◎── 1959年、埼玉県生まれ。専業トレーダー。

◎──テクニカル分析を駆使したデイトレードやスイングトレードが中心。株、FXの双方で驚異の勝率を叩き出している。2017年からは仮想通貨にも参戦。株やFXのノウハウを活かして、波乱の相場環境でも着実に利益を重ねている。著書は50冊を超える。

◎──主な著書に、『一晩寝かせてしっかり儲けるオーバーナイト投資術』（東洋経済新報社）、『株「常勝」トレーダー100の教え』（電波社）、『最新版 これから始める株デイトレード』『株トレード　1億円を目指すチャートパターン』（日本文芸社）、『株ブレイクトレード投資術　初心者でも1億円！相場に乗って一財産築く、大勝ち の法則』（徳間書店）、『世界一わかりやすい！FXチャート実践帳 スキャルピング編』『世界一わかりやすい！FXチャート実践帳 トレンドライン編』（あさ出版）、『株トレード カラ売りのルール』『FX常勝のトレードテクニック』『FX常勝の平均足トレード』『FX常勝の平均足ブレイクトレード』『FXトレードレッスン【厳選35問】』『ビットコインのデイトレード 儲けのルール』（すばる舎）などがある。

【著者の公式サイト】 https://二階堂重人.com

編集 ─ 野口英明
DTP制作 ─ エムアンドケイ

最新版　株デイトレードで毎日を給料日にする！

2018年　11月27日　第1刷発行
2025年　6月20日　第9刷発行

著　者──二階堂 重人
発行者──徳留 慶太郎
発行所──株式会社すばる舎
〒170-0013　東京都豊島区東池袋3-9-7 東池袋織本ビル
TEL　03-3981-8651（代表）　03-3981-0767（営業部）
振替　00140-7-116563
URL　https://www.subarusya.jp/
装　丁──菊池 祐（ライラック）
印　刷──株式会社光邦

ISBN978-4-7991-0760-7